VERWALTUNGSGEBÄUDE FÜR DIE OSRAM G.M.B.H.
BERLIN-MÜNCHEN
BAUHERR
CANDID G.M.B.H.
HAMBURG-ALTONA, ALTONAER BAHNHOFSTR.
ARCHITEKT
PROF. DR. ING. W. HENN
BÜRO MÜNCHEN, PROMENADEPLATZ 12
IN ZUSAMMENARBEIT MIT
DIPL. ING. STRÖBEL ARCHITEKT BDA
UND DER ABTEILUNG BAUWESEN DER OSRAM G.M.B.H.
HAUPTUNTERNEHMER
INGENIEUR-PLANUNG
UND BAULEITUNG
FRIED. KRUPP
MASCHINEN UND STAHLBAU
RHEINHAUSEN
BAULEITUNG MÜNCHEN
ORGANISATIONSBERATUNG
ORG. TEAM E. UND W. SCHNELLE
QUICKBORN BEI HAMBURG
MIT ABT. ORGANISATION DER OSRAM G.M.B.H.
BERATENDE INGENIEURE
KLIMA
DIPL. ING. JÄGER
STUTTGART
ELEKTRO
FA. OSRAM G.M.B.H.
MÜNCHEN
AKUSTIK
DIPL. PHYS. H. MÜLLER
MÜNCHEN
SANITÄR - HEIZUNG - KÄLTE
DIPL. ING. H. ANDORFER
MÜNCHEN
AUSFÜHRENDE FIRMEN
ERD,- BETON,-
MAURERARBEITEN
ARGE
SIEMENS BAUUNION GMB
HOCHTIEF A.G.
STAHLBAU: FRIED. KRUPP
MASCHINEN- U. STAHLBAU RHEINHAUSEN
LIEFERUNG FRIED. KRUPP
STAHLBAU ALTBACH
FRIED. KRUPP
STAHLBAU GODDELAU
MONTAGE: FRIED. KRUPP
MASCHINEN- U. STAHLBAU
RHEINHAUSEN
KLIMAANLAGEN: LUWA G.M.B.H. FRANKF./M.
FASSADEN-
REINIGUNGSGERÄT: MANNESMANN LEICHTBAU
FEUERSCHUTZ: WESTO SPRITZPUTZ G.M.B.H.
DÜSSELDORF
SONNENSTORES: KROLLAND
NEUSS/RHEIN

RESTLICHT

Das Verwaltungsgebäude der Osram GmbH, München

Wasmuth & Zohlen Verlag

dokumentiert zwischen 1965 und 2018
von Heinrich Heidersberger und HGEsch

P

M·UJ•121
D

OSRAM

Vorwort

Der vorliegende Band handelt von einer Symbiose zwischen Fotografie und Architektur. Es gibt Berührungen zwischen Gebäuden, Bildern und Menschen, die so eng sind, dass sie Fragen aufwerfen nach ihrem Zustandekommen, nach den Wegen, die sie miteinander gegangen sind, und nach den Umfeldern, in denen dies stattfinden konnte. In Text und Bild entfaltet sich dieser Prozess, der mit dem Abriss zu einem Abschluss gekommen ist, vor unseren Augen.

Das Gebäude der Osram Hauptverwaltung war 1965 zunächst einmal, was man mit Emphase eine *Setzung* nennt: diese sehr sachliche, sehr reduzierte Kubatur an den Münchner Isarauen. Das Gebäude war auch eine Setzung in der Arbeitswelt der damaligen Zeit. In einem Großraumbüro zu arbeiten war eine neue Erfahrung in der jungen Bundesrepublik. Man muss schon Filme dieser Zeit anschauen, um nachzuempfinden, was es für eine Sekretärin oder einen leitenden Angestellten bedeutet haben muss, diese hingegossenen, schier endlosen Räume zu betreten – mit der so frei erscheinenden Anordnung von Mobiliar, Büromaschinen und Büropflanzen – und gezielt seinen Platz anzusteuern – Blick nach links, Blick nach rechts, jedes Mal ein großer Auftritt. Mit dieser Erfahrung sah alles andere auf einmal alt aus – und anders war es eigentlich überall, sonst gab es nur Mittelflur mit Einzelhaft.

Die Welt erfuhr davon durch Heinrich Heidersberger. Er hat diese Erfahrung zu einer Ikone gemacht, nicht Jahrzehnte später, sondern sofort. Die Schönheit des Gebäudes von Walter Henn ist eine sehr reservierte und unterkühlte. Mit großer Mühe und profundem Ingenieur- und Detailwissen wurde so viel weggenommen, und immer wieder weggenommen, bis man fast nichts mehr sah – oder eben Schönheit.

This volume is about a symbiosis between photography and architecture. There are points of contact between buildings, pictures and people that are so close that they raise questions about how they were created, about the paths they pursued together and about the environments in which this could take place. In text and image, this process unfolds before our eyes, which has come to an end with the demolition.

In 1965, the building of the Osram headquarters first of all represented what is emphatically called a *posit*: this very functional, very reduced cubature at the meadows of the river Isar in Munich. The building also was a posit in the working world at the time. Working in an open-plan office was a new experience in the young Federal Republic. You really have to watch films of that time to understand what it must have been like for a secretary or an executive to enter these long-drawn-out, seemingly endless rooms, with their apparently arbitrary arrangement of furniture, business machines and office plants, and to head straight for one's place, looking left, looking right, each time a grand entrance. This experience made everything else suddenly look old – and it was different everywhere else, there were only central corridors with solitary confinement.

It was Heinrich Heidersberger who told the world about it. He made this experience iconic – not decades later, but straight away. The beauty of Walter Henn's building is a very aloof and reserved one. With great effort and profound engineering and detail knowledge, so much was taken away, and taken away over and over again, until almost nothing was left to be seen – or just beauty. Someone had to be able to see it. Heinrich Heidersberger presented it as an architectural beauty in the proper sense, which does not gleam vainly in the sunlight as a sculpture but invites contrast, which is made for people, works of art and skies full of clouds, more a background than an object, a posit to be occupied.

Then things quietened down for a long time, the building served its purpose, and modernism grew old. HGEsch brought it to life one last time and discovered – one almost has to say proved and documented – qualities that this architecture also demonstrated in a changed society. The attitude the building exudes had become alien. Well-intentioned additions testified to years gone by, but had not really been able to add anything to the austere building. It had simply remained what it had always been – what more could have become of it!

As if to prove it, in the time following the relocation of the corporate administration, the building served people who came to our country with little more than their lives. The gymnasium-

sized spaces were once again used to put up mobile partitions and freely locate uses. At one point prestige, and at another survival. Here the latest trend in the working world, there the improvisation of bare necessities. The same building, and yet not the same. It is HGEsch's merit to have documented this connection, and more than that: to have shown its potential, and again an austere beauty.

Die musste aber jemand sehen können. Heinrich Heidersberger zeigte sie als eine im eigentlichen Sinne architektonische Schönheit, die nicht als Skulptur eitel in der Sonne glänzt, sondern zum Kontrast auffordert, die für Menschen, Kunstwerke und Wolkenhimmel gemacht ist, mehr ein Hintergrund als ein Objekt, eine Setzung, die besetzt werden soll.

Dann war es lange ruhig, das Gebäude tat seinen Dienst, und die Moderne wurde alt. HGEsch hat es dann noch einmal zum Leben erweckt und Qualitäten entdeckt – fast muss man sagen: bewiesen und belegt –, die diese Architektur auch in einer veränderten Gesellschaft gezeigt hat. Die Haltung, die das Gebäude ausstrahlt, war fremd geworden. Gut gemeinte Zusätze zeugten von verflossenen Jahren, hatten dem spröden Bau aber nicht wirklich etwas hinzufügen können. Er war einfach der geblieben, der er immer war – und was hätte noch aus ihm werden können!

Wie zum Beweis diente er in der Zeit nach dem Auszug der Unternehmensverwaltung den Menschen, die mit wenig mehr als ihrem Leben zu uns kamen. Die turnhallengroßen Flächen wurden noch einmal genutzt, um mobile Wände aufzustellen und Nutzungen frei zu verorten. Einmal Prestige – und einmal Überleben. Hier der neueste Trend der Arbeitswelt, dort die Improvisation des Nötigsten. Dasselbe Gebäude und doch nicht dasselbe. Es ist das Verdienst von HGEsch, diesen Zusammenhang dokumentiert zu haben, und mehr als das: sein Potential gezeigt zu haben – und wieder eine spröde Schönheit.

OSRAM

OSRAM

OSRAM

OSRAM

P

OSRAM

OSRAM

Die Ästhetik der Kommunikation

Im Sommer 2010 unternahm HGEsch eine Zeitreise, die ihn von den frühen 1950er-Jahren bis in die Gegenwart führte. Die Tour galt der Dokumentation und der fotografischen Untersuchung von 30 Bauten, die das Architekturbüro HENN in rund 60 Jahren entworfen und realisiert hatte. In einem Gespräch über den daraus hervorgegangenen Bildband bringt HGEsch diese Zeitspanne auf eine einfache Formel:

> *Das Osram-Gebäude verwirklicht Funktionen, also Arbeitsabläufe, in einem nach außen abgeschlossenen Großraumbüro. Die Gläserne Manufaktur dagegen (...) verbindet ganz unterschiedliche Realitäten, von denen man glaubt, dass sie gar nicht zusammenpassen könnten.*[1]

Dass sich die beiden Gebäude von 1965 und von 2001, die Hauptverwaltung von Osram und die Gläserne Manufaktur von Volkswagen, auf diese Weise begegnen, ist zunächst einmal der Aufgabe geschuldet, wenn nicht eine fotografische Bürogeschichte zu schreiben, so doch das Material bereitzustellen, mit dem sich eine solche erzählen ließe. Man könnte es bei dieser Erklärung belassen und zu der Frage übergehen, was die beiden Gebäude verbindet, was sie womöglich gemeinsam haben und welche Einsichten sich über das beauftragende Büro daraus gewinnen lassen.

So funktioniert Architektur aber nicht. Die beiden Bauten zeigen nur wenig Übereinstimmungen. Es sind vor allem Unterschiede, die an ihnen auffallen. Auf der einen Seite steht ein Bürohaus, auf der anderen ein Produktionsgebäude – hier ein Verwaltungsbau nur für Mitarbeiter, dort ein öffentlich zugängliches Gebäude. Sie sind mit ihrer Zeit, dem jeweiligen Stand der Bautechnik, der Entwicklung der Industrie und ihrer Bauaufgaben, mit den unterschiedlichen Stilen, wie Unternehmen geführt und Kunden angesprochen werden, viel stärker verbunden, als sie es untereinander wären.

Die Osram-Hauptverwaltung und die Gläserne Manufaktur von Volkswagen haben gemeinsam, dass sie kaum etwas gemeinsam haben. Doch sie eint, dass sie ihren Fotografen gefunden haben. Die fotografischen Arbeiten, mit denen Heinrich Heidersberger das Werk von Walter Henn schwerpunktmäßig in den 1960er-Jahren dokumentiert hat, führen den heutigen Betrachter zurück in die Zeit einer heroischen Moderne. Auch wenn die Gebäude nichts Auftrumpfendes haben, vielmehr zurückhaltend, sachlich und allenfalls detailversessen sind, gibt sich die dahinterstehende Haltung unmissverständlich, ja kompromisslos. Form geworden zeichnet sich diese scharf von einem dunklen und dramatisch bewölkten Himmel ab, der für Heidersbergers Kompositionsstil charakteristisch ist.

Als Zeitgenossin verschmilzt die Fotografie mit ihren Bauten, heroische Moderne trifft auf heroisches Fotografieren. Diese zweckmäßige Architektur, die für einen optimierten Arbeitsalltag gemacht ist,

In the summer of 2010, HGEsch set off on a journey through time that took him from the early 1950s to the present. The tour was aimed at photographically documenting and examining thirty buildings that the HENN architectural firm had designed and built over some sixty years. In a conversation about the resulting book, HGEsch explains that period with a simple formula:

> *The Osram building realizes functions, i.e. work processes, in an open-plan office that is closed off from the outside. The Transparent Factory, on the other hand (...) combines very different realities that wouldn't be expected to fit together at all.*[1]

The fact that two buildings – Osram's headquarters of 1965 and Volkswagen's Transparent Factory of 2001 – can be brought together this way is above all due to the task of, if not writing a photographic office history, then at least providing the material with which such a history could be told. One could leave it at this and move on to the question of what connects both buildings, what they have in common, and what insights can be gained about the office that commissioned them.

But that is not how architecture works. Besides, the two buildings evince only few similarities – it is the differences between them that are striking. On the one hand, there is an office building; on the other, one for production. The former is an administrative building for employees only; the latter, open to the public. Each building is thus far more closely connected to the industry and technology of its time, to different styles of managing companies and dealing with customers, than to the other.

What Osram's headquarters and Volkswagen's Transparent Factory have in common is that they have hardly anything in common. Something they do share, however, is that they have found their photographer. The photographic works with which Heinrich Heidersberger documented the work of Walter Henn, primarily in the 1960s, take today's viewer back to the age of heroic modernism. Even if the buildings have nothing ostentatious about them – being reserved, matter-of-fact, and certainly obsessed with detail – the attitude behind them is unmistakable, even uncompromising. Given form, it stands out sharply against the dark sky with dramatic clouds characteristic of Heidersberger's compositional style.

As their contemporary, photography merges with buildings: heroic photography meets heroic modernism. This utilitarian architecture for optimized daily routines – unobtrusive, with a pretense of transparency, and nearly invisible through habituation – was exalted and practically transported by Heidersberger's work;

Großraumbüro, Hauptverwaltungsgebäude der Osram München
Open-plan office, main administrative building of Osram Munich
Fotografie | Photograph: Heinrich Heidersberger, 1965

which stages an aesthetic of the functional and makes it seem, at least in retrospect, as if modernism only became real when architecture was first joined by photography. Heidersberger not only shows buildings, he shows an attitude. His photographs immortalize an architecture that explicitly desires to be seen as modern and contemporary – and these works themselves have long since been recognized as timeless.

Modernism and its photography were further matched by a leadership that was no less heroic, and that put working life into central perspective.

HGEsch's observation that the 1965 Osram building realizes *functions and work processes in an open-plan office that is closed to the outside* refers more to Heidersberger's pictorial creations than to his own. Perceiving this seclusion and assignment of functions in the first place – and naming them as such – presupposes having already transcended them mentally and pictorially – in his medium, through his pictures. These pictures were furthermore trained on the challenges posed by contemporary architecture, here exemplified by the Transparent Factory in Dresden. It is an architecture that *combines very different realities that would not be expected to fit together at all.*

While it may seem heroic to perform an opera in front of an automobile assembly line, it wasn't heroism that created the connection between Heinrich Heidersberger and Walter Henn in 1965. Rather, the crux of the matter lies in the *functions and work processes* of a modern organization in which everything is timed down to the smallest detail and *closed off from the outside* whilst appearing unimpressed by what is happening around it: the facade of a technical world, built from a love of technology and detail and photographed as auratically closed.

In Dresden, that façade was relocated to the inside: once again we see constructive relish, lots of glazing, sophisticated artificial lighting – and yet a completely different thrust. Now we are supposed to look inside, to see the processes within unfold, to look back and forth between both sides – outside and in, inside and out – being always aware that they *might not fit together at all.* Whether this is postmodern is hard to say. In any case, what

die sich nicht in den Weg stellt, sich transparent gibt und sich durch Gewöhnung nahezu unsichtbar zu machen weiß, wurde von Heidersberger überhöht und geradezu entrückt. Seine Arbeiten inszenieren eine Ästhetik des Funktionalen, und es erscheint im Nachhinein so, als wäre die Moderne erst in dem Moment real geworden, in dem zur Architektur die Fotografie getreten ist. Heidersberger zeigt nicht nur Gebäude, er zeigt eine Haltung. In seinen Fotografien verewigt er eine Architektur, die explizit modern und zeitgemäß sein wollte. Und längst sind diese Werke selbst als zeitlos anerkannt.

Der Moderne und ihrer Fotografie entsprach eine nicht weniger heroische Führung, ein Arbeitsleben in der Zentralperspektive.

Die Beobachtung von HGEsch, dass das Osram-Gebäude von 1965 *Funktionen und Arbeitsabläufe in einem nach außen abgeschlossenen Großraumbüro* verwirkliche, bezieht sich eher auf Heidersbergers Bildschöpfungen als auf seine eigenen. Diese Funktionszuweisung und diese Abgeschlossenheit überhaupt wahrzunehmen und als solche zu benennen, setzt voraus, sie gedanklich und bildnerisch bereits überschritten zu haben – in seinem Medium, mit seinen Bildern. Diese sind an den Herausforderungen geschult, welche die Architektur der Gegenwart stellt, für die hier exemplarisch die Gläserne Manufaktur Dresden steht. Diese Architektur *verbindet ganz unterschiedliche Realitäten, von denen man glaubt, dass sie gar nicht zusammenpassen könnten.*

Es mag auch heroisch wirken, eine Oper vor einer Automobilmontage aufzuführen, doch ist es nicht Heroik, was den Anknüpfungspunkt an das Jahr 1965 bildet, an Heinrich Heidersberger und Walter Henn. Der springende Punkt liegt vielmehr in den *Funktionen und Arbeitsabläufen* einer modernen Organisation, die – bis ins Kleinste durchgetaktet und *nach außen abgeschlossen* – sich unbeeindruckt von dem gibt, was um sie herum passiert: der Fassade einer technischen Welt, selbst technik- und detailverliebt konstruiert und als auratisch-geschlossen fotografiert.

Diese Fassade wurde in Dresden nach innen versetzt: wieder konstruktive Durcharbeitung, wieder viel Glas, wieder ausgetüfteltes

Hauptverwaltungsgebäude der Osram München, Fertigstellung 1965
Main administrative building of Osram Munich, completed in 1965
Fotografie | Photograph: Heinrich Heidersberger, 1965

Gläserne Manufaktur Dresden | Transparent Factory, Dresden
Fotografie | Photograph: HGEsch, 2010

Kunstlicht – und doch mit einer ganz anderen Stoßrichtung: Jetzt soll man hineinsehen, soll die Abläufe wahrnehmen, soll von dort wieder zurückblicken, zwischen den beiden Seiten hin- und hersehen – immer bewusst, dass sie auch *gar nicht zusammenpassen könnten.* Ob das postmodern ist, ist schwer zu sagen. Auf jeden Fall aber ist es postheroisch, was hier mit der Organisation geschieht, konkret mit dem Unternehmen: In postheroische Zustände zu geraten, bedeutet, mit dem, wovon man sich heroisch abzugrenzen wusste, konfrontiert zu sein – und das auch noch im eigenen Haus.

Das ist es, was HGEsch abbildet. Das Gebäude tritt dahinter zurück. Es ist 2010, und wieder verschmilzt die Fotografie als Zeitgenossin mit ihren Bauten. HGEsch hat diesen Blick bereits mit nach Dresden gebracht, aber er findet am Ende auch, was er sucht. Was ihn bestätigt. Und erst jetzt wird die Verbindung der beiden so unterschiedlichen Gebäude sichtbar und wird klar, warum sie sich in einem Satz begegnen: Ihre Verbindung liegt in der Fotografie. Die fotografische Zeitreise hat HGEsch nicht nur im übertragenen Sinne in Heidersbergers Fußstapfen treten lassen, er hat sich selbst in sie hineingestellt – fast ein halbes Jahrhundert später, um von derselben Stelle aus noch einmal hinzusehen.

Herausgekommen ist dabei etwas ganz anderes als bei Heidersberger – nicht weniger ästhetisch ansprechend, doch löst es die Fassade, die fein gegliederte Fläche durchbrechend, auf. HGEsch lässt in seiner Fotografie Transparenz zu. Die Fassade sowie das, was davor passiert, werden durch den Innenraum kontextuiert. Auch Heidersberger hat das Innenleben fotografisch festgehalten, doch blieb die kühle Zurückhaltung der Fassade davon unberührt. Im Großraumbüro spielten wiederum weder die Fassade noch was sie vermittelt eine Rolle. Wo Heidersberger Kontraste sucht, findet HGEsch Kontexte. *Funktionen in einem nach außen abgeschlossenen Großraumbüro* stehen im Kontrast zueinander und zur Außenwelt. *Ganz unterschied-*

is happening here on the level of the organization, and specifically of the company, is postheroic; if arriving at a post-heroic state means being confronted with the thing you knew how to heroically distance yourself from – and on your own turf, too.

But this is what HGEsch does. The building recedes behind it. The year is 2010, and once again photography is a contemporary, merging with its buildings. HGEsch has already brought this perspective with him to Dresden where, in the end, he also found what he was looking for. This confirms him, and it's only now that the connection between the two very different buildings becomes visibly clear: their connection *is* photography. The photographic journey through time not only allowed HGEsch to figuratively follow in Heidersberger's footsteps. Almost a half century later, he has occupied them, so as to see from that same place again.

The result of this experiment is quite different from Heidersberger's. While no less aesthetically pleasing, it disintegrates the façade, breaking up the finely structured surface. HGEsch invites transparency into his photography. The façade, as well as what happens before it, is contextualized by the interior. Heidersberger also captured the interior photographically, but the cool restraint of the façade was unaffected by it: in the open-plan office, neither the façade nor what it conveyed played a part. Where Heidersberger seeks contrasts, HGEsch finds contexts. *Functions performed in an open-plan office closed off from the outside* contrast with each other – and with the outside world. *Completely different realities*, on the other hand, establish perspectives that can be interdependent but will never merge. But they do communicate with one another.

Hauptverwaltungsgebäude der Osram München | Main administrative building of Osram Munich. Fotografie | Photograph: HGEsch, 2010

That perspective was not yet possible in 1965, but in 2010 it can show what was inherent to the architecture of that time but had to yet remain unseen. Someone must actively bring this perspective into the world; it needs a designer. At the same time, society must change for this to happen. Today, society makes it possible to see in the same way as HGEsch and thus to be recognized and understood. If a building from an earlier time comes into this perspective and thus into the society of today, it becomes dissimilar to itself once more. A time may produce its own buildings, but said buildings are not identical with their time. They have a life of their own. Photography brings this very thing to light. *When you look at the photographs together,* HGEsch says, *It becomes very clear how program and architecture interpenetrate. Precisely because of this, I believe, these architectures, for all their time-relatedness, are not mere fashionable phenomena. Not things that quickly lose their value when the amazement of the aesthetics wears off.*[2] Program and architecture – we could also say social and spatial form – interpenetrate to form a connection that eludes the merely fashionable, while social and spatial form retain a certain independence from each other. This opens up a range that the photographer – whose gaze was trained on the architecture of his day and who is in search of an aesthetic of communication – exploits by setting up a camera in front of Osram headquarters in Munich, decades later.

When designs are produced in an architect's office, the program does not predetermine the spatial form, nor does the finished building determine what will occur in it socially; though all these factors drive each other, bring each other forth, again and again. Clearly, this mobility, this play between social and spatial forms itself serves a social function in that it gives continuity to change. Who could show this better than a photographer who knows how to make himself independent of both space and program so as to relate completely freely to both – and both to each other. This is ultimately what users do with buildings all the time: *I find it remarkable that the early buildings have endured to this day and are very well received by users.*[3]

1 *30/30 – 30 Projekte in 30 Tagen. HGEsch fotografiert Henn*, ed. by. Kristin Feireiss and Hans-Jürgen Commerell. Berlin: Aedes 2010, p. 4.

2 Ibid., p. 5

3 Ibid.

liche Realitäten etablieren hingegen Perspektiven, die sich voneinander abhängig machen, aber nie verschmelzen. Sie kommunizieren miteinander.

Dieser Blick war 1965 noch nicht möglich, doch 2010 kann er rückblickend zeigen, was in der Architektur von damals angelegt war, aber ungesehen bleiben musste. Diesen Blick muss jemand aktiv in die Welt setzen, er braucht einen Gestalter. Zugleich muss sich die Gesellschaft hierfür wandeln. Sie macht es heute möglich, so zu sehen wie HGEsch und damit verstanden und anerkannt zu werden. Wenn ein Gebäude aus früherer Zeit in diesen Blick und damit in die Gesellschaft von heute gerät, wird es sich selbst wieder unähnlich. Eine Zeit bringt ihre Gebäude hervor, aber die Gebäude sind nicht mit ihrer Zeit identisch. Sie führen ein Eigenleben. Die Fotografie bringt genau dies zum Vorschein. *Wenn man die Fotografien zusammen betrachtet,* so HGEsch, *wird sehr deutlich, wie sich Programm und Architektur durchdringen. Gerade dadurch, glaube ich, sind diese Architekturen bei aller Zeitbezogenheit keine modischen Erscheinungen. Nichts, was schnell an Wert verliert, wenn sich das Staunen über die Ästhetik abschwächt.*[2] Programm und Architektur – man könnte auch sagen: Sozialform und Raumform – durchdringen einander und bilden eine Verbindung, die sich dem bloß Modischen entzieht. Doch bleiben Sozial- und Raumform zwei Faktoren, die eine gewisse Unabhängigkeit voneinander bewahren. Dadurch eröffnet sich ein Spielraum – und diesen nutzt der Fotograf, wenn er vor der Osram-Hauptverwaltung in München Jahrzehnte später wieder eine Kamera aufbaut, mit einem Objektiv, das an der Architektur von heute geschult ist, und auf der Suche nach einer Ästhetik der Kommunikation.

Beim Entwerfen im Architekturbüro ist mit dem Programm die Raumform nicht etwa schon ausgemacht, und das fertige Gebäude liefert auch keine Kausalgründe für ein bestimmtes soziales Geschehen. Und doch treiben sich all diese Faktoren gegenseitig an, bringen einander wechselseitig immer wieder hervor. Offensichtlich hat diese Beweglichkeit, dieses Spiel zwischen Sozial- und Raumform selbst wieder eine soziale Funktion. Sie verleiht dem Wandel Kontinuität. Wer könnte das besser zeigen als ein Fotograf, der sich seinerseits von beiden, Raum und Programm, unabhängig zu machen weiß, um sich völlig frei auf beide zu beziehen – und beide aufeinander. Letztlich ist es das, was auch die Nutzer zu jeder Zeit mit einem Gebäude machen: *Ich finde es bemerkenswert, dass die frühen Bauten bis heute Bestand haben und von den Nutzern sehr gut angenommen werden.*[3]

1 *30/30 – 30 Projekte in 30 Tagen. HGEsch fotografiert Henn*, hrsg. von Kristin Feireiss und Hans-Jürgen Commerell, Berlin: Aedes 2010, S. 4.

2 Ebd., S. 5.

3 Ebd.

OSRAM

OSRAM
OSRAM

OSRAM
OSRAM

OSRAM

OSRAM
OSRAM

M NH 13
M DC 491
M R 584

OSRAM

ACTIVITÉS
الفعاليات الاجتماعية
AKTIVITÄTEN
ACTIVITIES
MONTAG
DIENSTAG
TUESDAY
MARDI
MITTWOCH
WEDNESDAY
MERCREDI
الاربعاء
DONNERSTAG
THURSDAY
FREITAG
FRIDAY
VENDREDI
الجمعة
SAMSTAG
SATURDAY
SAMEDI
السبت
Play with Christa
children 2-6 years
10:30-12:00 Uhr
DEUTSCH FÜR VORSCHULKINDER
GERMAN FOR PRESCHOOL
CHILDREN
EVERY FRIDAY
KNITTING
4 pm
paint and handicraft
work
for children 6-14
years
NEXT
MUSIC-CLASS
25.05.16
Football/ Soccer
TODAY BELLYDANCE
12 PM
Basketball
Mittwoch 20:00 Uhr Haus B
Musikgruppe/Chor
mercredi 20:00 Haus B
groupe de musique
Wednesday 8 pm Haus B
music group/choir

Haus
B

H
D

Studio

M-ER 122

OSRAM
OSRAM

OSRAM

NOT
AUSGANG

EXIT

F4

E6
E5

Osram-Baugeschichte – Licht aus

Im „Neufert“, jener 1936 erstmals erschienenen und inzwischen 42 Mal neu aufgelegten Entwurfslehre für Architekten, heißt es zum Stichwort „Beleuchtung“ im Jahr 1944 lapidar: *Osram Lichthaus, Berlin, Warschauer Platz.*[1] Der Name Osram stand einmal für unangefochtene Kompetenz im Architekturbereich, wenn es um Kunstlicht ging. Auch wenn Ernst Neufert (1900–1986) der Industrie und den Normungsbedürfnissen ohnehin nahestand, ist dieses uneingeschränkte Vertrauen in ein einziges Unternehmen als Wissensquelle bemerkenswert. Zugegeben, wer kennt Osram als Glühbirnenhersteller nicht? Doch hat sich nicht nur die Lichttechnik in rasantem Tempo verändert, auch die globalen Kapitalströme reißen Unternehmen ohne Getöse, aber effizient mit sich. Anfang November 2020 titelte die *Süddeutsche Zeitung*: *Mit der Übernahme durch das österreichische Unternehmen AMS endet für Osram die Unabhängigkeit.*[2] Wenn es nur das wäre.

Osrams wechselvolle und nicht immer ehrenwerte Firmengeschichte begann 1905; zur Namensgebung wurden die für die Glühfäden genutzten Metalle Osmium und Wolfram zusammengezogen. Im umkämpften Markt der Glühlampenproduktion entwickelte sich die Marke Osram prächtig: *OSRAM sah sich als Unternehmen, das durch den Zusammenschluss der Glühlampenfabriken der AEG, Siemens & Halske und der Deutschen Gasglühlicht-AG den ruinösen Wettbewerb überwunden hatte und daraus neue Kräfte schöpfte.*[3] Osram hatte seinen Stammsitz in Berlin-Friedrichshain, und waren wirtschaftliche Erfolge die eine Seite, erwiesen sich unrühmliche bis schändliche Firmenphasen im nationalsozialistischen Deutschland als die andere.[4]

Nach dem Zweiten Weltkrieg fielen die Friedrichshainer Anlagen an die Sowjets, 1954 wurde der Sitz Osrams von Berlin nach München verlagert. Hauptaktionäre waren AEG und Siemens. In Berlin logierte die Firma Osram in dem von Bernhard Hermkes 1956–57 gebauten „Osram-Haus“ am Ernst-Reuter-Platz.[5] Anhand Osrams lässt sich eine Epoche deutscher Wirtschafts-, Sozial- und Technikgeschichte mustergültig nachvollziehen.

Für das neue Verwaltungs- und das daneben liegende Forschungsgebäude in München-Untergiesing wurde 1961 ein Architekturwettbewerb ausgelobt. Das Terrain an der Hellabrunner Straße 1 grenzte im Westen an die Isarauen, im Norden an den stark befahrenen Mittleren Ring, wo ein Gebäude als gebautes Markenzeichen hohe Aufmerksamkeit auf sich ziehen konnte. Walter Henn erhielt mit seinem Konzept, Verwaltung und Forschung zu trennen, einen Ankauf. Er gab sich damit aber nicht zufrieden und wusste den Bauherrn von der Qualität seines Entwurfs zu überzeugen.[6] Industriebau war sein Metier, hier wollte er wirken: *Beim Industriebau (...) können sich Auftraggeber und Architekt am ehesten auf verbindliche Wertmaßstäbe*

In the 1944 edition of *Architect's Data* by Ernst Neufert, the reference book first published in 1936 with 42 reprints to date, there is a succinct entry for the key word "lighting": *Osram Lichthaus, Berlin, Warschauer Platz.*[1] The name Osram was synonymous with undisputed competence in artificial lighting in the architectural sector. Even taking into account Ernst Neufert's (1900–1986) close association with industry and its standardization requirements, this complete reliance on a single company as a source of knowledge is remarkable. Admittedly, everyone in the German-speaking world is familiar with Osram as a producer of lightbulbs. But it's not just that lighting technology has changed at a rapid pace: Global capital flows sweep companies along with ruthless efficiency but little fanfare. In early November 2020, the *Süddeutsche Zeitung* ran the headline, *Osram's independence ends with takeover by Austrian company AMS.*[2] If only that were the whole story.

Osram's corporate history, which was eventful but not always honorable, began in 1905. Its name was derived from the metals used to create filaments: osmium and tungsten (in German, *Wolfram*). Osram succeeded spectacularly in the competitive market for lightbulb production. *OSRAM saw itself as a company that had overcome brutal competition by merging the lightbulb factories of AEG, Siemens & Halske, and Deutsche Gasglühlicht AG, drawing new strength from consolidation.*[3] Osram's headquarters were in Berlin-Friedrichshain, and while economic success was one aspect of its history, the company's behavior during the Nazi era ranged from disreputable to disgraceful.[4]

After the Second World War, the Friedrichshain facilities fell to the Soviets and in 1954 Osram relocated its headquarters from Berlin to Munich. The main shareholders were AEG and Siemens. The company's Berlin presence was a new Osram building by Bernhard Hermkes, constructed in 1956–57 on Ernst Reuter Platz.[5] Osram exemplifies an epoch in German economic, social and technological history.

An architectural competition was held in 1961 for the new administrative building and the adjacent research building in Munich-Untergiesing. The site at Hellabrunner Strasse 1 bordered the Isarauen (a stretch of natural greenery along the Isar river) to the west and the busy Mittlerer Ring road to the north, a prominent position for a trademark building. Walter Henn received a purchase offer for his concept of separating administration and research. But he was not content with that and ultimately won the client over with the quality of his design.[6] Industrial construction was his specialty and he wanted to have an impact: *With industrial construction, (...) clients and architects can agree on bind-*

ing standards of value: unity of function, construction and formal expression make for a sure winner.[7]

Born in Dresden, Walter Henn studied civil engineering there, moving on to architectural studies with Wilhelm Kreis in the fall of 1935. Encouraged by his teachers, he remained in Dresden until 1953 then moved to Braunschweig, where he left his mark on teaching along with Friedrich Wilhelm Kraemer (1907-1990) and Dieter Oesterlen (1911-1994). All three had their buildings photographed by Heinrich Heidersberger, who gave an air of nobility to these sometimes brusque buildings by employing strong contrasts and sky views; his work substantially enhanced the reputation of the "Braunschweig School."[8] This group focused on the industrialized style of architecture developing in the United States. Walter Henn had already visited the US in 1955; study trips with tours of the fascinating new office buildings by SOM, Eero Saarinen and Arne Jacobsen followed in 1959 and 1961. The three-week trips were organized by the Deutsche Aluminium-Zentrale and made exchanges of knowledge and experience a priority. Walter Henn's buildings and widely translated books from this period show his great competence for analyzing what he saw, taking it further in his own projects, and explaining it in textbooks. The Osram building bore elegant witness to the advantage Henn's architectural firm had over competitors in designing industrial and administrative buildings. Now the Osram administrative building offered him another chance to perfect the interplay of flawless construction and functional floor planning, of elegant clean lines and works of art. The building was designed as a six-story steel skeleton with a curtain-like light metal façade with aluminum slats for sun protection. The parapet elements were clad in brown anodized aluminum – these combinations of material required impeccable precision in planning and execution.

With its decentralized access and installation core shafts and a column grid of 7.85 meters square, plus a grid of 2 by 2 meters for power and telephone network outlets, the square floor plan (50.1 by 50.1 meters) did indeed offer flexible usage options. The open-plan office had not yet become commonplace, but it wasn't new either. In any case, it was ideally suited for Osram to demonstrate what artificial light could do in deep interior spaces. The building was fully air-conditioned, with space for about 180 workstations per floor.

The off-center entrance with a flat, exposed canopy brought tension to the main façade. The foyer welcomed visitors with a genteel atmosphere: green natural stone slabs, wood paneling, plus a glass prism wall by Aloys F. Gangkofner and wood inlays by Fred Stelzig – all this was illuminated in a way that promoted the product, either discreetly or ostentatiously, offering delightful variety to the eye. The first floor also had space for a large meeting room where the ceiling displayed an apposite array of illuminated strips and dots. The lighting on the upper floors created an impressive sight when it was dark outside, placing the producer of illuminants in the best possible light. As a photographer, Heidersberger recognized that the time to make the most of this beautiful lighting effect in the photograph was not the dark of night, but twilight.

einigen: die Einheit von Funktion, Konstruktion und formalem Ausdruck ist hier am sichersten zu gewinnen.[7]

Walter Henn, in Dresden geboren, studierte dort auch Bauingenieurwesen und ab Herbst 1935 Architektur bei Wilhelm Kreis. Auf Fürsprache seiner Lehrer blieb er bis 1953 in Dresden, wechselte dann nach Braunschweig, wo er mit Friedrich Wilhelm Kraemer (1907–1990) und Dieter Oesterlen (1911–1994) die Lehre prägte – alle drei ließen ihre Bauten von Heinrich Heidersberger fotografieren, der die teils spröden Gebäude in starken Kontrasten und Himmelbildern zu adeln wusste und so erheblich zum Ansehen der Braunschweiger Schule beitrug.[8] In Braunschweig orientierte man sich an der industrialisierten Architekturentwicklung in den USA; Walter Henn war schon 1955 in den USA gewesen, 1959 und 1961 folgten Studienreisen mit der Besichtigung vor allem der faszinierenden neuen Bürohäuser von SOM, Eero Saarinen und Arne Jacobsen. Die jeweils dreiwöchigen Reisen wurden von der Deutschen Aluminium-Zentrale organisiert, auch Wissens- und Erfahrungsaustausch standen im Vordergrund. In Walter Henns Bauten und auch seinen in viele Sprachen übersetzten Büchern dieser Zeit manifestiert sich, wie kompetent er das Gesehene zu analysieren, in eigenen Projekten weiterzuentwickeln und in Fachbüchern weiterzugeben wusste. Das Osram-Gebäude war ein beredtes Zeugnis davon, welchen Vorsprung das auf Industrie- und Verwaltungsbau spezialisierte Büro Henn gegenüber der Konkurrenz hatte. Der Verwaltungsbau von Osram bot ihm nun eine weitere Chance, das Zusammenwirken von makelloser Konstruktion und funktionaler Grundrissordnung, von elegantem puristischem Erscheinungsbild und Kunstwerken zu perfektionieren. Das Gebäude war als sechsgeschossiger Stahlskelettbau mit vorgehängter Leichtmetallfassade und außenliegendem Sonnenschutz aus Alu-Lamellen konzipiert. Die Brüstungselemente waren mit braun eloxiertem Aluminium bekleidet – Materialkombinationen, die eine makellose Präzision in Planung und Ausführung erforderten.

Mit den dezentral positionierten Erschließungs- und Installationskernschächten und einem Stützenraster von 7,85 Metern im Quadrat sowie einem Raster von 2 mal 2 Metern für Strom- und Telefonnetzauslässe bot der quadratische Grundriss (50,1 mal 50,1 Meter) tatsächlich flexible Nutzungsmöglichkeiten. Das Großraumbüro war noch nicht gerade alltäglich, aber auch nicht mehr neu, es eignete sich jedenfalls bei Osram vorbildlich dafür, die Leistungsfähigkeit des Kunstlichts in tiefen Innenräumen zu demonstrieren. Der Bau war vollklimatisiert und bot Platz für etwa 180 Arbeitsplätze pro Geschoss.

Der außermittig platzierte Eingang mit flachem freigestelltem Vordach brachte Spannung in die Hauptfassade. Im Foyer empfing einen eine noble Atmosphäre: grüne Natursteinplatten, Holzverkleidungen, eine Glasprismenwand von Aloys F. Gangkofner und Holzintarsien von Fred Stelzig – alles sachbezogen entweder dezent indirekt oder effektvoll angestrahlt, was dem Auge eine reizvolle Abwechslung bot. Im Erdgeschoss war auch Platz für einen großzügigen Sitzungssaal, dessen Decke mit passenden Leuchtstreifen und -punkten bestückt war. Die Beleuchtung der oberen Etagen bot bei Dunkelheit im Außenraum ein eindrucksvolles Bild – es verstand sich von selbst, dass das Haus des Leuchtstoffmittel-Produzenten bestmöglichst ins Licht zu setzen war. Heidersberger erkannte als Fotograf, dass der schönste Moment,

Verwaltung Stadtwerke Braunschweig | Administration Braunschweig municipal utility
Architekt | achitect: Walter Henn, Fotografie | Photograph: Heinrich Heidersberger

um diese Lichtwirkung im Foto zu überhöhen, nicht schwarze Nacht, sondern die Dämmerung war. Im Schwarzweiß-Bild umhüllt der Dämmerungshimmel in weichem Grau das Osram-Haus, dessen beleuchtete Etagen mit der Weite des Himmels korrespondieren.[9]

Ähnlich kompromisslos klar in der Fassade wirkt auch das Verwaltungsgebäude der Stadtwerke Braunschweig, das Henn fast gleichzeitig errichtete. Das 1963–66 gebaute, elegante, sechsgeschossige Siemens-Verwaltungsgebäude in Saarbrücken von Peter C. von Seidlein weist die gleiche Größenordnung auf – der Einfluss großer amerikanischer Architekturbüros machte sich vorbildhaft als zeittypisches Merkmal in diesen Jahren bemerkbar. Der Rückblick offenbart in der architektonischen Vielfalt der Mitte der 1960er-Jahre immer wieder neue Aspekte. Setzen manche Bauten Patina an – etwa Rolf Gutbrods Liederhalle in Stuttgart oder die Kirchen Gottfried Böhms –, lassen sich andere gut nachrüsten. Industrie- und Verwaltungsbauten, für die Walter Henns Osram-Gebäude eines der besten Beispiele war, ermüden nicht, vertragen keine Patina, sondern bedürfen der Pflege. Eine Sanierung des Osram-Hauses war zwar geplant, wurde aber nie ausgeführt. Wieder spielte die Wirtschaftsgeschichte die dominante Rolle. Es ist das Verdienst des Fotografen HGEsch, diese wechselvolle jüngere Geschichte des Osram-Gebäudes über viele Jahre dokumentiert zu haben – mehr noch: dieser Geschichte ihren Gegenwartsbezug zu erschließen.

Zum Jahresende 2012 verlegte Osram seinen Firmensitz in die Parkstadt Schwabing, was für Walter Henns Gebäude sogleich Gefahr im Verzug bedeutete. 2014 wurde der Bau als Einzeldenkmal unter Schutz gestellt, Osram verkaufte den Standort. Die Stadt München ließ online verlautbaren: *Ende 2014 hat Osram das Grundstück an die ABG-Unternehmensgruppe in Kooperation mit der Büschl Unternehmensgruppe veräußert. Die neuen Eigentümerinnen haben 2015 in Abstimmung mit der Landeshauptstadt München einen städtebaulichen und landschaftsplanerischen Wettbewerb ausgelobt.* In diesem Wettbewerb zog sich die Stadt einmal mehr aus der

In the black-and-white image, the twilight sky envelops the Osram building in soft gray, its illuminated floors corresponding with the expanse of sky.[9]

The administrative building of the Braunschweig municipal utility, which Henn built at practically the same time, also has an uncompromisingly clear façade. And the elegant, six-story Siemens administration building in Saarbrücken was built on the same scale by Peter C. von Seidlein in 1963-66 – the influence of large American architectural firms, a key characteristic of the period, can be clearly seen in those years. In retrospect, we continue to discover new facets of the diverse architectural landscape of the mid-1960s. Though some of the buildings are developing a patina – such as Rolf Gutbrod's Liederhalle in Stuttgart or Gottfried Böhm's churches – others could easily be renovated. Industrial and administrative buildings, of which Walter Henn's Osram building was one of the very best examples, do not become fatigued; they do not tolerate a patina, they require care. A renovation of the Osram building was planned, but never carried out. Once again, economic history was paramount. It is a credit to photographer HGEsch to have documented this varied recent history of the Osram building over many years, and more than that: to have made this history relevant to today.

In late 2012, Osram moved its headquarters to the "park city" of Schwabing, which meant danger ahead for Walter Henn's building. In 2014, it was listed as a historic building and sold by

Siemens-Verwaltungsgebäude in Saarbrücken, Siemens administration building in Saarbrücken. Archiv | archive: Peter C. von Seidlein

Osram. As the city of Munich announced online, *In late 2014, Osram sold the site to the ABG group in cooperation with the Büschl group. In 2015, the new owners, in coordination with the City of Munich, launched an urban planning and landscape design competition.* In this competition, the city once again abnegated its responsibility by delegating the decision of whether to keep the Osram building and integrate the new concept into the area to participants in the competition. In December 2013, the city council had decided not to prioritize preservation. The

Süddeutsche Zeitung reminded its readers that *Two and a half years ago, the State Office for the Preservation of Historical Monuments had already made a concession to the financial power of the investors and, ultimately, to that of their more recent customers: the authority acknowledged (...) the "historical, artistic, urban-planning and technological significance" of the building. However, in comparison to other buildings from the sixties, it owes its "special status" above all to its aluminum-glass curtain façade, which "cannot be preserved in its original condition" in view of the "justified interest of the owner."* [10] In 2015-16, the architectural firm Friedrich Poerschke Zwink had retrofitted the Osram building to provide two years of refugee housing, setting up 1.6 meter-high "living clusters" for two-to-three residents in the open-plan offices.

In the aforementioned competition, the demolition of the building was a foregone conclusion. The neighboring Agfa building was blown up in 2008, the main hall of the central train station is gone, and the Arabella building is scheduled to come down in 2026. The renovation of the Karl-Schwanzer ensemble for BMW, or the Hypo-Haus by Walther and Bea Betz, have shown that it can be done differently. In the case of Osram, the authorities used the competition as an excuse to give the investor and the architects free rein.

1 Ernst Neufert: *Bauentwurfslehre. Grundlagen, Normen, Vorschriften* 1944. Even in the 1966 edition, the entry on light begins with the pointer, "Information: OSRAM GmbH, Munich 2, Windenmacherstraße 6".

2 *Süddeutsche Zeitung*, Oct. 31 and Nov. 1, 2020.

3 Osram GmbH (Ed.): *100 Jahre OSRAM – Licht hat einen Namen*, Munich 2006, p. 27.

4 See Klaus Drobisch: *KZ-Häftlinge bei Siemens und Osram*, Warsaw 1983; Tanja von Fransecky: *Zwangsarbeit in der Berliner Metallindustrie 1939 bis 1945. Eine Firmenübersicht.* Study commissioned by the Otto Brenner Foundation, Berlin, March 2003.

5 On façade typology, see Dirk Dorsmagen: *Büro- und Geschäftshausfassaden der 50er Jahre. Konservatorische Probleme am Beispiel West-Berlin*, dissertation, 2004.

6 Paulhans Peters: "Die Jahre von etwa 1955 bis 1965." In: *Walter Henn – die Ästhetik des Funktionalen*, Dresden 2012, p. 102. The result of the competition was published in *Baumeister* 7/1962.
It is incorrectly stated that Walter Henn received the first prize and the building contract in: "Zwischen Scheibe und Wabe. Verwaltungsbauten der Sechzigerjahre als Denkmale." *Berichte zu Forschung und Praxis der Denkmalpflege in Deutschland 19*, 2012, Catalog No. 22, p. 106.

7 Walter Henn, in: *Baumeister* 10/1957, p. 695.

8 See Rolf Sachsse's essay in this book. The collaboration of architects and photographers has remained mutually advantageous, e.g. Egon Eiermann and Horstheinz Neuendorf, or Peter Zumthor and Hélène Binet.

9 In current color photography of architecture, the legendary "blue hour" corresponds to the gentle gray of Heidersberger's or Hugo Schmölz's black and white photographs.

10 *Süddeutsche Zeitung*, Dec. 16, 2015.

Verantwortung, weil die Entscheidung, das Osram-Gebäude zu erhalten und in die Neukonzeption für das Areal zu integrieren, an die Wettbewerbsteilnehmer delegiert wurde. Im Dezember 2013 hatte der Stadtrat beschlossen, nicht mehr an der Bewahrung des Baus festzuhalten. Daran erinnerte auch die *Süddeutsche Zeitung*: *Ein Zugeständnis an die Finanzkraft der Investoren und letztlich an die ihrer späteren Kunden hatte bereits vor zweieinhalb Jahren das Landesamt für Denkmalpflege gemacht: Die Behörde würdigte (...) die „geschichtliche, künstlerische, städtebauliche und technische Bedeutung" des Baus. Seine auch im Vergleich mit anderen Bauten der Sechzigerjahre „herausgehobene Stellung" verdanke er aber vor allem der Aluminium-Glas-Vorhangfassade, die „in ihrer Originalität nicht erhalten werden" könne angesichts des „berechtigten Interesses der Eigentümerin."* [10] Die Architekten Friedrich Poerschke Zwink hatten das Osram-Gebäude 2015–16 noch für eine zweijährige Nutzung als Flüchtlingsunterkunft umgebaut, wobei in den Großraumbüros 1,6 Meter hohe „Wohncluster" für zwei bis drei Bewohner eingerichtet wurden.

Mit dem angesprochenen Wettbewerb war der Abriss vorprogrammiert. Das einmal benachbarte Agfa-Gebäude wurde 2008 gesprengt, die Haupthalle des Hauptbahnhofs gibt es nicht mehr, 2026 soll das Arabella-Haus fallen. Dass es anders geht, haben die Sanierungen des Karl-Schwanzer-Ensembles für BMW oder des Hypo-Hauses von Walther und Bea Betz gezeigt. Im Fall Osram redeten sich die Behörden via Wettbewerbsvorgaben einfach heraus und ließen dem Investor und den Architekten freien Lauf.

1 Ernst Neufert: *Bauentwurfslehre. Grundlagen, Normen, Vorschriften*, 1944. Auch in der 1966 erschienenen Ausgabe beginnt der Beitrag zum Thema Licht mit dem Hinweis: „Auskunft: OSRAM GmbH, München 2, Windenmacherstraße 6".

2 *Süddeutsche Zeitung*, 31.10./1.11.2020.

3 Osram GmbH (Hrsg.): *100 Jahre OSRAM – Licht hat einen Namen*, München 2006, S. 27.

4 Unter anderem: Klaus Drobisch: *KZ-Häftlinge bei Siemens und Osram*, Warschau 1983; Tanja von Fransecky: *Zwangsarbeit in der Berliner Metallindustrie 1939 bis 1945. Eine Firmenübersicht.* Studie im Auftrag der Otto Brenner Stiftung, Berlin, März 2003.

5 Zur Fassadentypologie: Dirk Dorsmagen: *Büro- und Geschäftshausfassaden der 50er Jahre. Konservatorische Probleme am Beispiel West-Berlin*, Dissertation 2004.

6 Paulhans Peters: Die Jahre von etwa 1955 bis 1965. In: *Walter Henn – die Ästhetik des Funktionalen*, Dresden 2012, S. 102. Das Wettbewerbsergebnis wurde veröffentlicht im *Baumeister* 7/1962. Fälschlicherweise findet man den Hinweis, dass Walter Henn den ersten Preis und den Bauauftrag erhalten habe, in: *Zwischen Scheibe und Wabe. Verwaltungsbauten der Sechzigerjahre als Denkmale. Berichte zu Forschung und Praxis der Denkmalpflege in Deutschland 19*, 2012, Katalog Nr. 22, S. 106.

7 Walter Henn, in: *Baumeister* 10/1957, S. 695.

8 Dazu Rolf Sachsse in diesem Buch. Die beidseitig vorteilhafte Zusammenarbeit von Architekten und Fotografen ist üblich geblieben, etwa bei Egon Eiermann und Horstheinz Neuendorf oder Peter Zumthor und Hélène Binet.

9 In der gegenwärtigen Farbfotografie entspricht dem weichen Grau des Schwarz-Weißen in den Fotografien von Heidersberger oder Hugo Schmölz die legendäre „blaue Stunde", in der Architektur inszeniert wird.

10 *Süddeutsche Zeitung*, 16.12.2015.

B3

3
3
3
Flucht- und Rettungsplan

Ausgang
FEUER UND RAUCHEN VERBOTEN
KEIN ALKOHOL - KEINE DROGEN
FIRE AND SMOKING PROHIBITED
NO ALCOHOL - NO DRUGS

fakir

Diehl

NOTAUSGANG

IBM

Zauber-
zahlen

G7
G6

C2
C2
Guten Appetit!
Bon appetit!
Smacznego

OSRAM

Rolf Sachsse

Restlicht

Eine Fotogeschichte des Osram-Hauses München

Als Georges-Eugène Baron Haussmann um 1859 damit begann, Paris zu einer modernen Großstadt umzuplanen, richtete er als Erstes eine historische Kommission ein, die den Fotografen Charles Marville damit beauftragte, alle Stadtviertel und Gebäude genau zu dokumentieren, die von den Umbauten und Abrissen bei der Anlage der großen Boulevards betroffen waren.[1] Was der Fotograf mit seinen mehreren Tausend Bildern geschaffen hat, ist ein Image der Stadt, das heute noch wirkt: Die lauschigen Winkel sind Vieux Paris, auch wenn sie schon lange nicht mehr existieren. Für München und seine großen Stadtumbauten um 1900 sind ähnliche Bildserien nachzuweisen, und auch sie sind für das Image der Stadt mitverantwortlich: Vom Platzl über die Isarauen bis nach Giesing wird in Bildpostkarten und Andenkensammlungen eine Stadt beschworen, die nicht mehr vorhanden ist, außer in den Köpfen derer, die an München denken.[2] Und nun gibt es eine Münchener Moderne, die auch nur noch in Bildern existiert: denen dieses Buchs.

Das Verwaltungsgebäude der Firma Osram, 1963–65 von Walter Henn und dem hauseigenen Architekten Dieter Ströbel errichtet, ist ein Denkmal der architektonischen Moderne, wie es das in München kaum ein zweites Mal gegeben hat. Die ständig aktualisierte Denkmälerliste der Bezirksregierung Oberbayern definierte den Bau 2017 so: *Hellabrunner Straße 1. Verwaltungsgebäude der OSRAM-GmbH., kubischer, sechsgeschossiger Stahlbetonskelettbau mit Aluminium-Glas-Vorhangfassaden, Eingangsvordach auf Stützen, im Inneren mit Ausnahme von zwei Verkehrs- und Installationskernen variabel*

Residual Light

A Photographic History of Munich's Osram Building

When Georges-Eugène Baron Haussmann began to redesign Paris into a modern metropolis around 1859, he first set up a historical commission that directed the photographer Charles Marville to document in detail all the neighborhoods and buildings that would be affected by the demolition and reconstruction work involved in laying out the major boulevards.[1] What Marville accomplished with his several thousand pictures is a portrait of the city that endures, even as the secluded corners of Vieux Paris have long since ceased to exist. Similar images exist of Munich and its major urban redevelopments around 1900, and they too are partly responsible for the city's extant image: from the Platzl to the Isarauen to Giesing, picture postcards and souvenir collections conjure up a city that no longer exists, except in the minds of those who think of Munich.[2] And now, there is a modernist Munich that exists only in pictures – those in this book.

Built 1963-65 by Walter Henn and in-house light-planner Dieter Ströbel, the Osram Company's administrative building was a monument to architectural modernism the likes of which Munich would rarely see. In 2017, the constantly updated listing of monuments of the district government of Upper Bavaria described it as follows: *Hellabrunner Straße 1. Administrative building of OSRAM GmbH., cubic, six-story reinforced concrete skeleton building with aluminum-glass curtain walls, entrance canopy on supports, varied-use open-plan offices*

inside with two traffic and installation cores [...].[3] Located somewhat off the Mittlerer Ring, at the level of Candidstrasse – directly east of the Brudermühl Bridge over the Isar – the building expressed a quiet coherence that was as conducive to focused work as its environs were to automobile traffic. In this, too, it was a product of the early 1960s, which is why in 2015, journalist Christoph Arnowsky described its imminent demise by noting how: *In the end, the jury decided on a concept that envisaged the building's complete demolition. City Planning Councillor Merk will have to approve it; the poor structural condition of the office building, which was built in the mid-1960s, overrides the preservation order.*[4] This alleged bad condition is not evident in any of the pictures in this book. Because of political and economic concerns, the beautiful Osram Company building was reduced to the subject of a single photographic history.

The book itself comprises four series of photographs, taken in 1965, 2010, 2016 and 2019/20; the first one by Heinrich Heidersberger, the other three by HGEsch. While they are all architectural photographs, they are not necessarily devoid of people. The pictures in the first series are in black and white, though they could have been in color; those in the other three were taken digitally, making it easier to opt between modes. Each series conveys a different vision of the same building, which may seem surprising since this finely structured building, minimalist in form and modern in every fiber, does not seem to offer prompts for visual experimentation. Even so, each series has the discernible signature of its photographer, and showcases the aesthetics of its time. Each in its own way pays witness to the circumstances in which it was created. Together, they now form the picture of this building and its history as an image – a picture of pictures.

1965

In the summer of 1965, Heinrich Heidersberger traveled to Munich to photograph the new headquarters of the Osram company. If the enumeration of his negatives is to be trusted, 45 pictures were taken on the first trip, and several dozen more – devoted mainly to the building's working life – were secured over the next two or three visits. Heidersberger knew Walter Henn, the architect, from Braunschweig, where in the 1950s he had become the go-to architectural interpreter of the Braunschweig School, consisting of the triumvirate of Friedrich Wilhelm Kraemer, Dieter Oesterlen and Walter Henn himself.[5] Stylistically, Heinrich Heidersberger's photographs correspond to a sort of magical realism that, as early as 1925, Munich art critic Franz Roh had described as essential to any precise rendering of architecture, objects and urban environments, regardless of medium.[6] Heidersberger had already recommended himself for Henn's work in 1938 with his first photographs of the Heinkel aircraft factory near Oranienburg, which he treated in the same way as he would later buildings.[7] He photographed the facades as frontally as possible or carefully across corners; in the harshest possible sunlight, with strong drop shadows that precisely contoured the construction volumes. What's also special about these pictures is their treatment of the sky, which Heidersberger

nutzbare Großraumbüros [...].[3] Etwas abseits des Mittleren Rings in Höhe der Candidstraße direkt östlich der Brudermühlbrücke über die Isar gelegen, vermittelte das Gebäude eine ruhige Geschlossenheit, die für konzentrierte Arbeit ebenso günstig war wie seine Lage für den automobilen Verkehr – auch hierin ein typisches Produkt der frühen 1960er-Jahre. Der Journalist Christoph Arnowsky hatte schon 2015 das Ende des Hauses beschrieben: *Am Ende entschied sich die Jury für ein Konzept, das den kompletten Abriss des Gebäudes vorsieht. Stadtbaurätin Merk wird ihn genehmigen müssen, der schlechte bauliche Zustand des Mitte der sechziger Jahre erstellten Bürohauses setzt den Denkmalschutz außer Kraft.*[4] Sichtbar wird der beschriebene, angeblich schlechte Bauzustand in den Bildern dieses Buches nicht, an keiner Stelle und zu keinem Zeitpunkt. Das schöne Gebäude ist aus politischen und ökonomischen Gründen zum Gegenstand einer nur noch fotografischen Geschichte geworden, die in diesem Buch ausgebreitet wird.

Vier Serien umfasst diese Bildgeschichte: Sie wurden 1965, 2010, 2016 und 2019/20 aufgenommen, die erste von Heinrich Heidersberger, die drei anderen von HGEsch. Alle vier sind Serien von Architekturfotografien, doch sie sind nicht unbedingt menschenleer; die Aufnahmen der ersten Serie sind in Schwarzweiß überliefert, hätten aber auch farbig sein können – und die Bilder der drei anderen Serien sind digital aufgenommen, was die Entscheidung zwischen beiden Modi erleichtert. Alle Bildserien vermitteln jeweils ein anderes Bild desselben Gebäudes, was insofern verwundern mag, weil dieser fein strukturierte, in den Formen reduzierte, in jeder Faser moderne Bau zu keinen visuellen Experimenten anregt – und doch ist in jeder Serie nicht nur die Handschrift ihres Fotografen deutlich erkennbar, sondern auch die Ästhetik ihrer Zeit. Alle vier Bildserien sind, jede auf ihre Weise, Zeugen der Bedingungen, unter denen sie entstanden sind. Und sie formen nun das Bild dieses Gebäudes und seiner Architekturgeschichte als Image – als Bild von Bildern.

1965

Im Sommer 1965 fährt Heinrich Heidersberger nach München, um die neue Hauptverwaltung der Firma Osram zu fotografieren; wenn man der Zählung seiner Negative vertrauen will, entstanden bei einem ersten Besuch 45 Bilder, bei zwei oder drei weiteren Besuchen nochmals einige Dutzend, die sich vor allem den Details des Arbeitslebens im Haus widmen. Den Architekten Walter Henn kannte der Fotograf aus Braunschweig, wo dieser in den 1950er-Jahren zum bevorzugten Interpreten der Braunschweiger Schule in der Architektur geworden war, die aus dem Triumvirat der Professoren Friedrich Wilhelm Kraemer, Dieter Oesterlen und eben Walter Henn bestand.[5] Stilistisch sind die Fotografien von Heinrich Heidersberger genau jenem Magischen Realismus zuzuordnen, den der Münchner Kunstkritiker Franz Roh schon 1925 als wesentliches Kennzeichen aller präzisen Wiedergabe, gleich in welchem Medium, von Architektur, Objekten und städtischen Umgebungen bezeichnet hat.[6] Bereits mit seinen ersten Architekturfotografien hatte sich Heidersberger für das Henn'sche Werk empfohlen: 1938 hatte er das Heinkel-Flugzeugwerk nahe Oranienburg fotografiert, und das in der gleichen Weise wie die späteren Bauten.[7] Möglichst frontal nahm er die Fassaden auf oder sorgsam

komponiert über Eck, bei möglichst hartem Sonnenlicht mit starken Schlagschatten, die die Bauvolumina exakt konturieren. Das Besondere an diesen Fotografien ist zudem die Behandlung des Himmels, den Heidersberger mittels Filter dunkelgrau, teilweise sogar schwarz darstellt; wer in den 1950er-Jahren den Namen des Fotografen erwähnte, erhielt die Nachfrage: „Das ist doch der mit den schwarzen Himmeln?" Dass Heidersbergers Sichtweise besonders gut zur modernen Industriearchitektur passt, macht sein weltberühmtes Bild des Volkswagenwerks Wolfsburg von 1971 deutlich.

Schwarz ist der Himmel über dem Osram-Haus nur bei den Nachtaufnahmen von Heinrich Heidersberger, sonst wirkt er dunkelgrau, sodass sich die (meist Cumulus- oder Cirrostratus-)Wolken effektvoll absetzen und mit ihrer barocken Formenpracht umso stärker auf die strenge Architektur des Gebäudes, vor allem seiner Vorhangfassade verweisen. Den axialen und diagonalen Sichten auf das ganze Gebäude gesellen sich in Heidersbergers Bildserie einige spektakuläre Details hinzu, wie etwa die Vorfahrt vor dem Haupteingang, deren hinterer Abschluss nicht an das Gebäude anschließt, sondern treppenartig abgesetzt ist, was diese Vorfahrt zu einem eigenständigen, das große Gebäude kommentierenden Baukörper werden lässt. Genauso hat den Fotografen auch die originale dreiflammige Laterne vor dem Haus interessiert, die als Denkmal der Industriegeschichte Osrams als Antipode des Hauptportals platziert worden war. Bei den Außenansichten darf die städtische Moderne nicht fehlen: Ein großzügiger Parkplatz, brav mit VW-Käfern und Opel-Rekords besetzt, einige ebenso großzügige Grünpflanzungen aus Bäumen und Gras sowie die im Hintergrund aufscheinenden Fabrikbauten demonstrieren gleichermaßen frische Urbanität wie bescheidene Zurückgezogenheit.

Dieser Eindruck setzt sich im Inneren fort, wenngleich die Bescheidenheit eher aus heutigem Blick zu verstehen ist: Das Foyer ist eingeschossig, voll vertäfelt und in der Raumfolge allein durch zwei Kunstwerke – eine Wand aus Glaselementen von Aloys F. Gangkofner und eine hölzerne Intarsie von Fred Stelzig – strukturiert. Wesentliches Gestaltungselement sind die in die Decke eingelassenen Leuchten, die sich sowohl an den Außenkanten des Foyers wie auch im Inneren durchziehen und Wegeführungen markieren. Heinrich Heidersberger widmet sich in vier Ansichten diesem Foyer und dem anschließenden

depicts in dark gray, sometimes even black, by using filters. Whoever mentioned the photographer's name in the 1950s would be met with: "Isn't he the one with the black skies?" That Heidersberger's view was particularly well-suited to modern industrial architecture is made clear by his world-famous 1971 image of the Volkswagen plant in Wolfsburg.

The sky above the Osram building is only black in Heinrich Heidersberger's night shots; otherwise it is dark gray, so that the (mostly cumulus or cirrostratus) clouds contrast effectively with it and, in their baroque splendor, refer all the more emphatically to the building's austere architecture – especially its curtain wall. Heidersberger's axial and diagonal views are strengthened by spectacular details. The driveway before the main entrance, for instance – the rear of which does not adjoin the building but is set off like a staircase – comprises an independent structure that comments on the larger building. The photographer was similarly interested in the original three-light lantern in front of the building, placed as a monument to Osram's industrial history – and as an antipode to the main portal. Nor can urban modernism be excluded from the exterior views: a generous parking lot full of VW Beetles and Opel Rekords, some equally generous green zones of trees and grass, and the factory buildings in the background show fresh urbanity and modest seclusion in equal measure.

This impression is sustained by an interior of a modesty that's best appreciated by contemporary standards. The foyer is single-story, fully paneled and framed solely by two works of art – a wall of glass pieces by Aloys F. Gangkofner and a wooden inlay by Fred Stelzig. Central to the design are the lights embedded in the ceiling, which run along the outer edges of the foyer as well as through the interior, marking out pathways. Four of Heidersberger's pictures are devoted to this foyer and the adjoining stairwell, after which his camera registers public spaces like the canteen, and large and small meeting rooms for customers and the board of directors. A large table set for a board of directors' dinner is also found among these images.

To capture the building's special feature, the photographer had to visit to Munich at least one more time. The Osram building contained one of the first German open-plan offices, with continuous floors grouped around two central islands of elevators, utility lines, washroom wings, and air-conditioning units. Whether because Osram and Henn requested it or because it interested him, Heidersberger's later series focused on the building's working life, which included populated design offices with the most modern drawing tables of the time; a diagonal view into a floor with teleprinters and an axial one across the registry; an advertising meeting with cigarettes poised and pictures of beautiful women on the room divider; and finally, we see that each department head has no more than a workstation with an open shelf behind it. The company archive is visually enlivened by an office plant; similar plants can be found in the recreation corner, which surely existed on every floor of the building. The canteen, which is clearly on the ground floor, is bright and friendly; wood is visible everywhere, with only the tables being laminated for the purpose of quick cleaning.

When looking at these pictures, it is difficult to distance ourselves from the media guidelines of the so-called documentary features that haunt the TV schedules every evening. As much as he liked to dramatize the outside view, Heidersberger went to great lengths to present modernity as pleasant for people and suitable for work. Important to all of these pictures, for example, is the lighting design at Osram: it almost always takes up a third of the entire picture surface. As far as is known, Heidersberger's pictures were used individually or in small groups, but there is no coherent publication of them all. This makes it difficult to distill a consistent narrative from these photographs over fifty years later – especially since architectural photography was hardly perceived as a narrative medium at the time. What remains of this series of pictures are some highlights in Heidersberger's œuvre, especially in the exterior views. The photographer of the next two series, HGEsch, must be measured against them.

Treppenhaus, danach registriert seine Kamera die öffentlichen Räume wie die Kantine, große und kleine Besprechungsräume für Kunden und Vorstand; auch eine große, gedeckte Tafel für ein Vorstandsessen findet sich unter diesen Bildern.

Für die eigentliche Besonderheit des Gebäudes musste sich der Fotograf noch mindestens einmal nach München begeben: Das Osram-Haus enthält eines der ersten deutschen Großraumbüros mit offenen Grundrissen der Arbeitsplätze, mit durchgehenden Geschossen, die allein um zwei mittlere Inseln von Aufzügen, Versorgungsleitungen, sanitären Trakten und Klimageräten gruppiert sind. Ob Kundenwunsch von Osram und Henn oder eigenes Interesse an der Aufgabe: In der weiteren Bildserie widmet sich Heinrich Heidersberger dem Arbeitsleben im Haus. Da sind gut bevölkerte Konstruktionsbüros zu sehen mit den modernsten Zeichentischen der Zeit; da gibt es einen diagonalen Blick in die Etage mit den Fernschreibern und einen axialen über die Registratur hinweg; da tagt die Werbeabteilung mit Zigarette in der Hand und schönen Frauenbildern auf dem Raumteiler; und schließlich hat selbst der jeweilige Abteilungsleiter nicht mehr als einen Arbeitsplatz mit einem offenen Regal dahinter zur Verfügung. Das Firmenarchiv wird visuell durch eine Büropflanze verlebendigt; ähnliche Gewächse finden sich auch in der Erholungsecke, die es sicher auf jeder Etage des Hauses gegeben hat. Die offensichtlich ebenerdige Kantine ist hell und freundlich eingerichtet, überall ist Holz zu erkennen, nur die Tische sind zwecks schneller Reinigung laminiert.

Es fällt schwer, sich beim Anblick dieser Bilder von medialen Vorgaben durch sogenannte Features zu lösen, die allabendlich durch die TV-Programme geistern. Heinrich Heidersberger hat – so gern er die Außenansicht dramatisierte – intensiv versucht, das Moderne dieses Ambientes als menschlich angenehm und für die Arbeitsweise passend darzustellen. Wichtig in allen seinen Bildern ist die Lichtplanung von Osram; die Beleuchtung nimmt fast immer ein Drittel der gesamten Bildfläche ein. Die Bilder von Heinrich Heidersberger wurden, soweit das nachvollziehbar ist, einzeln und in kleinen Gruppen verwendet; eine zusammenhängende Publikation gibt es nicht. Insofern ist es schwer, über fünfzig Jahre hinweg aus diesen Aufnahmen ein konsistentes Narrativ zu destillieren – zumal die Architekturfotografie seinerzeit auch kaum als erzählerisches Medium gesehen und wahrgenommen wurde. Was von dieser Bildserie bleibt, sind einige Highlights im Œuvre von Heinrich Heidersberger, insbesondere unter den Außenansichten. An dieser Serie muss sich der Fotograf der beiden nächsten Serien, HGEsch, messen lassen.

2010

HGEsch fährt 2010 das erste Mal zum Osram-Haus, um dort zu fotografieren. Die Aufnahmen wurden für *30/30, 30 Projekte in 30 Tagen, HGEsch fotografiert Henn*, ein Buch- wie Ausstellungsprojekt, erstellt, das die vom Vater wie vom Sohn konzipierten Bauwerke darstellt.[8] Gebraucht wurden da nur wenige Bilder in Schwarzweiß, denn das war das Buch- und Ausstellungskonzept. Eine erzählerische Bildserie war hier nicht geplant und wurde auch nicht angestrebt. Oft ist Heidersbergers Vorbild zu erkennen, eine für HGEsch nicht unbekannte Situation, betreute er zur gleichen Zeit doch mehrere Projekte, bei denen er nach den Vorbildern früherer Fotografen und Fotografien seine Stand- und Blickpunkte aussuchen musste und konnte.[9] Dazu gehört die banale Tatsache, dass es bei vielen der Vor-Bilder überhaupt keinen anderen Standpunkt als den gab, den nach dem ersten alle anderen Fotografen einnehmen mussten. Doch vieles hat sich verändert in 45 Jahren, und das wird auf den ersten Blick bei den zweiten Bildserien deutlich.

Zunächst ist es die Vegetation, die ins Auge fällt: Es ist nachgerade ein Fluch der Moderne, dass sie zuwächst. Kleine Bäume und Sträucher, die in der ersten Bildserie kaum wahrgenommen werden, haben sich zu veritablen Großpflanzen von mehreren Stockwerken Höhe entwickelt und behindern den geraden Blick aufs große Ganze, der den Planern und Erbauern doch so wichtig war. HGEsch macht das Beste aus dieser Situation und bindet das Grün in seine Bilder ein, oft in Kombination mit dem Sonnenlicht eines späten Nachmittags und seinen fleckigen Erscheinungen auf dem Boden oder der Fassade. Der Himmel ist bei ihm nicht so dramatisch wie in Heidersbergers Fotografien, dafür wirkt der Boden schwerer, und das Haus schwebt mehr – ein klassisch postmoderner Blick auf die makellos schöne Spätmoderne. Das gilt für das Äußere des Baus; beim Blick ins Innere, vor allem in den Nachtaufnahmen, kann festgestellt werden, wie sich das Ganze im Detail verändert hat: Nicht mehr das ganz Gleichmäßige des Heidersberger'schen Blicks sticht hervor, sondern die Unterschiede werden deutlich, ganz so wie etwa in den großen Montagen der Düsseldorfer Schule.[10] HGEsch braucht jedoch nichts neu zusammenzufügen, das Sichtbare hat sich historisch von allein entwickelt.

Im Einzelnen heißt das: Die Skulpturen im Foyer sind noch da, die Beleuchtung hat sich verändert. Eine große geschwungene Decke durchzieht nun den niedrigen Raum und versucht, mit indirektem Licht etwas mehr Höhe in den Blick zu zaubern; hinzu kommen viele kleine Lowlights in der neuen Zwischendecke, aus denen allerdings kein Sternenhimmel wird, sondern allein ein Programm von Leitlinien, um die Aufzugtüren zu finden. Im Eingangsbereich befinden sich auf den Bildern jetzt Menschen, aber sie sind meist nur als bewegte Schatten erkennbar oder stehen am Rande eines imaginären Ge-

2010

HGEsch first photographed the Osram building in 2010. The pictures were taken for *30/30: 30 Projects in 30 Days. HGEsch Photographs Henn*, a book and exhibition project depicting the buildings designed by Henn father and son.[8] Since a narrative series had not planned for it, only a few black and white images were used. Heidersberger's model is also often recognizable in them, a situation not unknown to HGEsch, who was managing several projects where he needed to choose his angles considering previous photographers and photographs.[9] This includes the banal fact that, in many of the pre-images, there was no point of view at all besides the one that all other photographers had to adopt after the first one. But many things had changed in 45 years, as becomes apparent with a first glance at the second series of images.

To begin with, there's the vegetation, its growth practically a blight on modernism. Small trees and shrubs which were hardly noticeable in the first series of pictures had developed into plants several stories high that obstructed the clear view of the building that was so prized by modernist architects and planners. HGEsch makes the best of this situation by incorporating the greenery into his pictures, often in tandem with a late afternoon sunlight and the spots it casts on the ground or on the facade. Esch's sky is not as dramatic as Heidersberger's, but the ground seems heavier and the building seems to float more – a typically postmodern take on immaculate late modernism. This is true of the exterior of the building: looking in, especially in the night shots, one can appreciate how the whole has also changed in detail. It no longer evinces the complete uniformity of Heidersberger's perspective; instead, the differences become clear, as in the montages of the Düsseldorf School.[10] HGEsch does not however need to reassemble anything; the visible has historically developed on its own.

The same exploration continues within: the sculptures in the foyer are still there, but the lighting has changed altogether. A large, curved ceiling now runs through the low room and tries to conjure a little more height via indirect lighting. There are also many small lowlights in the new false ceiling which, while not amounting to a starry sky, do orient the eye toward the elevator doors. Furthermore, there are people in the pictures of the entrance, though they are mostly recognizable as moving shadows or seen standing on the edge of an imaginary happening, without direct reference to the surrounding space. The large office floors are still present, if no longer as specifically structured. Each workstation can do everything that is required of it for everyday life: register, archive, broadcast, write, calculate and design. The introduction of the computer has rendered the division into special rooms for independent work processes obsolete, and this is also visible in all the pictures.

HGEsch also had a decision to make: should the book be produced in black and white or in color? Even in digital photography, the decision is not solely one of image processing but, sensibly, one that is made only after the picture is taken. This means every picture in this series is available in monochrome gray and in color. What seems like a draw, however, makes sense in the context of the next block of images: it sets the stage for HGEsch's thoroughly colorful 2016 series.

2016

In 2012, Osram moved its headquarters out of the building on Hellabrunner Strasse. The property was sold, and the building stood empty for some time until, in late 2015, plans were made to occupy it with around 800 refugees. It was accordingly converted and photographed by HGEsch in its new form. This series also marks a quantum leap in architectural history, as he not only celebrates the quality of the refugee home as an architectural undertaking, but finds a way to visually showcase it in its temporary wise. The photographs remain true to genre by not interpreting or judging the events they show.

As with the previous series, this one begins at the driveway and main entrance where, at first glance, not much seems to have changed, except for the lantern, which has disappeared. The grass in front of the building is no longer an English lawn, but marked by varied use, and the whole scene is generally busy: people with different colors of clothing and skin are standing or sitting on nondescript plastic chairs, and children are playing. On the side edge of the driveway are raised beds for lettuce and spice plants. It's a beautiful, calm day: Munich is shining. HGEsch largely sticks to the canon he had worked out for himself six years earlier based on Heidersberger's model: approach with diagonal and axial views of the whole building, then move to scenic shots with nature and people. The façade details are missing here – they are not required for this pictorial narrative. Overall, the exterior takes up only a small part of the series.

Inside, many things have changed; others, not at all. The glass wall and wood inlay are gone, but the curved light strip and oval ceiling lights remain, as do the many lowlights. Where heavy, upholstered furniture once sat on thick carpets, simple, well-worn benches now stand. The columns and walls no longer shine in muted white but are covered in notes, promotional offers, paper slips and posters that provide the building's new occupants with information on cultural offerings and official announcements. With these changes, the photographer's focus must also shift. While in their early series Heidersberger and Esch both focused on spatial expanse, now the difference between close and distant views – between the notices and the corridors behind them – becomes the actual content of the picture.

This change in perspective is yet more apparent in the shots of the former canteen and the foyer in front of it. On the one hand, everything has been newly and simply furnished with seats; on the other, the facility is immediately put to use by its residents, and proves to be as practical as it is flexible. Where once there were meeting rooms, there are now classrooms with tables and benches; where teleprinters used to be, there are now tables with WiFi connections for the refugees to contact home. The most impressive change to the open-plan offices, however – one clearly visible in pictures – is in the upper floors. Here, the same half-

schehens, ohne direkten Bezug zum umgebenden Raum. Die großen Büroetagen sind noch vorhanden, aber nicht mehr spezifisch durchstrukturiert – jeder Arbeitsplatz kann alles, was im Alltag gebraucht wird: registrieren, archivieren, fernsenden, schreiben, entwerfen und berechnen. Die Universalmaschine Computer hat die Einteilung in besondere Räume für jeweils eigenständige Arbeitsabläufe obsolet gemacht; auch das wird in allen Bildern sichtbar.

Für den Fotografen HGEsch kam eine weitere Entscheidung hinzu: Wird das Buch in Schwarzweiß oder doch in Farbe produziert? Selbst in der digitalen Fotografie ist diese Entscheidung nicht allein eine der nachträglichen Bildbearbeitung, sondern sinnvollerweise eine, die bei der Aufnahme getroffen wird. Also sind alle Szenen dieser Serie sowohl als monochrom graue wie auch als bunte Bilder vorhanden. Was wie eine Unentschiedenheit erscheint, ergibt durch den nächsten Bildblock Sinn: Es bereitet die durchwegs farbige Serie des Jahres 2016 vor, die ebenfalls von HGEsch aufgenommen wurde und in der Fotogeschichte des Osram-Hauses eine zentrale Rolle einnimmt.

2016

Im Jahr 2012 zieht Osram mit seiner Hauptverwaltung aus dem Gebäude an der Hellabrunner Straße aus; das Grundstück wird verkauft, das Gebäude steht für einige Zeit leer, bis Ende 2015 die Belegung mit rund 800 Flüchtlingen vorgesehen wird und ein entsprechender Umbau erfolgt. Diese Umnutzung hat wiederum HGEsch fotografiert, und seine Serie markiert auch architekturhistorisch einen Quantensprung: Hier wird nicht nur die Qualität eines architektonischen Unterfangens wie der temporären Einrichtung des Flüchtlingsheims gefeiert, sondern auch gleich ein Weg aufgezeigt, wie eine solche Einrichtung visuell vorgeführt werden kann. Und doch bleiben die Bilder dieser Serie dem Genre der Architekturfotografie treu – sie interpretieren, bewerten nicht vordergründig, und schon gar nicht das Geschehen, das sie zeigen.

Die Bildserie beginnt wie die beiden vorherigen mit der Auffahrt zum Haus und seinem Haupteingang; hier hat sich zunächst nicht viel verändert, außer dass die alte Laterne verschwunden ist. Die Grasflächen vor dem Haus sind kein englischer Rasen mehr, sondern von vielfältigem Gebrauch gezeichnet, und überhaupt ist die ganze Szenerie sehr belebt: Menschen aller Haut- und Kleiderfarben stehen herum oder sitzen auf den weltweit verbreiteten Plastiksesseln, Kinder spielen. Am seitlichen Rand der Auffahrt stehen Hochbeete zur Kultivierung von Salat- und Gewürzpflanzen; es ist ein schöner, ruhiger Tag, München leuchtet. HGEsch hält sich bei den Aufnahmen weitgehend an den Kanon, den er sechs Jahre zuvor nach Heidersbergers Vorbild für sich erarbeitet hatte: Annäherung in diagonaler und axialer Sicht des ganzen Gebäudes, dann Szenerien mit Natur und Menschen. Die vorher gesehenen Fassadendetails fehlen, sie werden für diese Bild-Erzählung nicht gebraucht. Insgesamt nimmt das Äußere nur einen kleinen Teil der Serie ein.

Im Inneren hat sich vieles verändert, anderes gar nicht: Die Glaswand und die Holzintarsie sind weg, aber die gebogene Lichtleiste und die ovalen Deckenleuchten sind ebenso geblieben wie die vielen Lowlights. Wo vorher schwere Polstermöbel auf dicken Teppichen standen, sind nun einfache Sitzbänke zu finden, die auch gut genutzt werden. Die Säulen und Wände erstrahlen nicht mehr in gedecktem Weiß, sondern sind über und über mit Notizen und Angeboten, Zetteln und Kleinplakaten bedeckt, die den hier Lebenden Hinweise auf kulturelle Angebote und amtliche Bekanntmachungen geben. Mit diesen Veränderungen verschiebt sich auch der Fokus des Fotografen: Hatten sowohl Heidersberger wie Esch in den früheren Serien die Weite des Raums im Blick, wird jetzt die Differenz zwischen Nah- und Fernsicht, zwischen den Beschriftungen und den Fluren dahinter zum eigentlichen Bildinhalt.

Noch stärker zeigt sich diese Blickveränderung in den Aufnahmen der früheren Kantine und des Foyers davor: Einerseits wurde alles neu und recht einfach bestuhlt, andererseits wird diese Einrichtung sofort durch die Bewohner*innen des Hauses in Beschlag genommen und erweist sich als ebenso praktisch wie flexibel in der Nutzung. Wo früher Besprechungszimmer waren, sind nun Schulräume mit Tischen und Bänken; wo die Fernschreiber standen, finden sich nun die Tische mit den WLAN-Anschlüssen für die Verbindung der Flüchtlinge in ihre Heimat. Die – auch in den Bildern – eindrucksvollste Veränderung der Großraumbüros findet sich in den oberen Stockwerken des Hauses: Hier sind die gleichen halbhohen Wände, die früher Besprechungs- und Arbeitsbereiche voneinander trennten, zu Raumteilern geworden, die kleine Schlafkojen definieren. HGEsch dokumentiert diese in genau jener Art, wie er sich sonst den jeweils neuesten Bauten widmet, wenn er sie für Architekten und Investoren aufnimmt: Begonnen wird mit Blicken über den Raum, streng axial oder ebenso streng diagonal aus möglichst großer Höhe, damit die Grundrisse erkennbar bleiben. Es folgen Detailansichten von – in diesem Fall – einzelnen Kojen mit Betten und anderem Mobiliar; gelegentlich werden individuelle Besitztümer wie Handtücher oder Bettwäsche sichtbar. In einer Etage war, als der Fotograf dort arbeitete, die Einrichtung noch nicht ganz abgeschlossen; hier sind die Bettgestelle noch Gerippe oder stehen hochkant aufgereiht an der Wand, vermitteln also eher das Flair einer Baustelle – ein wichtiger Schwerpunkt im Œuvre von HGEsch.[11]

Eines der letzten und besten Bilder von HGEschs Serie aus dem Jahr 2016 zeigt zwei Kinder, die in einem leeren Flur auf dem Boden sitzen, rechts und links von einer Steckdose, in die sie ihr Smartphone oder Tablet eingestöpselt haben, um sich einem Computerspiel zu widmen. In ihr Spiel versunken, bilden die Kinder das gerade Gegenteil jener strengen Arbeitswelt, die Heinrich Heidersberger in seinen Bildern von 1965 vorführt, und doch sind beide Bilder durch den Ernst des jeweiligen Tuns und durch die radikale Hinwendung der Protagonisten an dieses Tun verwandt. Ganz offensichtlich schlagen die Strenge und feine Struktur des Baus von Walter Henn bis in die Handlungen derjenigen durch, die sich in ihm befinden – zumindest in der Inszenierung und Interpretation durch die beiden Fotografen. Das gilt selbstredend auch für die Umbauten, die für die Wohnsituation der Flüchtlinge vorgenommen wurden – zum Menschenrecht einer würdigen Unterbringung gehört auch eine Ästhetik aus Maß und Form.

2019/20

2015 war der Abriss des Osram-Hauses beschlossen worden,[12] danach kam die kurzzeitige Belegung mit Flüchtlingen, 2019 begann der Abriss, dem ein Neubau mit hochverdichteter Wohnraumnutzung folgte. Die Bildserie, die HGEsch vom Abriss des Gebäudes angefertigt hat, belegt einmal mehr die hohe technische wie ästhetische Qualität

height walls that once separated meeting and work areas have become room dividers that define small sleeping bunks. HGEsch documented these in exactly the same way he usually does when shooting new buildings for investors or architects: by starting with views across the room, strictly axial or just as strictly diagonal from as great a height as possible, so that the floor plans remain recognizable. Detailed views of – in this case – individual bunks with beds and other furnishings follow; with individual possessions, like towels or bedding, sometimes coming into view. The furnishings were not quite finished when the photographer was at work in one floor, and so the bedsteads stand, lined up on end, against the wall, with the skeletal flair of construction sites – an important feature of HGEsch's œuvre.[11]

One of the last and best images in HGEsch's 2016 series shows two children sitting on the floor in an empty hallway, on either side of a power socket into which they have plugged a smartphone or tablet to play a computer game. While these children represent the opposite of the austere working world presented by Heidersberger in his 1965 series of photographs, the two images are related by the intentness of their actions and by the protagonists' radical devotion to them. The fine structure of Walter Henn's building further resonates with the behavior of its occupants, as demonstrated in the staging and interpretation of these two photographers. Of course, this extends to the conversions made for the refugees' living situation – the human right of dignified accommodation also includes an aesthetic of measure and form.

2019/20

In 2015, the decision to demolish the Osram building was taken,[12] followed by its short-term occupancy by refugees. The demolition began in 2019, and the series of pictures that HGEsch made of the process once again showed the high technical and aesthetic quality of Walter Henn's building. Even in its ruined state, its spatial sequences and passages are beautifully proportioned and continue to give evidence of having had a clear, basic structure. The photographs themselves now more closely resemble a reportage. Documenting a demolition is different from depicting new buildings or accompanying a reconstruction[13] (both of which are also fixed components of HGEsch's portfolio). For the demolition of a monument, he resorted to a different model: that of the disaster film. Whether it be giant apes or dinosaurs that visit havoc on the modern cities of Hollywood films, a pincer-like grasping instrument always seems to play a leading role in dismantling what had presumably been built for generations in the shortest possible time. This is also the case for HGEsch's last series of photos: piece by piece, the building is chipped away at like a tall cake of concrete until only a large pile of rubble remains on the ground. What is being erected in the wonderful Osram building's place can only be glimpsed while driving quickly past it on the Munich ring road; it no longer has anything to do with good planning or aesthetic pleasure.

The Osram headquarters in Munich is no longer standing. The former site of classical, late modernism has become a pictorial history, which in turn creates a narrative that corresponds to the postmodern habitus of multiple coding. There are stories of work and leisure, of dwelling and escape, of departure and arrival, and the Osram building always offered an ideal envelope for them simply because of its open yet determined design. The memories in this book are the tales of the Osram building, with a solid core in the architectural past that Walter Henn designed and erected as a building, and that Heinrich Heidersberger and HGEsch captured in images that have since become definitive. Architects Michael Schumacher and Till Schneider summarized this process in the most succinct of formulae: *Buildings go, photos remain.*[14]

1 Patrice de Moncan: *Paris avant, après: avant Haussmann et aujourd'hui*, Paris 2015.
2 Cf. Jaeger & Goergen: *München im Bild*, Munich 1910.
3 Bayerisches Landesamt für Denkmalpflege, Regierungsbezirk Oberbayern (Ed.): München Stadt, status as of Oct. 6, 2017, No. D-1-62-000-7975, pp. 362-363.
4 Christoph Arnowsky: "Warum werden so viele alte Gebäude abgerissen?", www.br.de Dec. 26, 2015 (accessed Oct. 6, 2017).
5 Regarding Heinrich Heidersberger cf. www.heidersberger.de (accessed Jan. 13, 2021).
6 Franz Roh: *Nach-Expressionismus, Magischer Realismus: Probleme der neuesten europäischen Malerei*, Leipzig 1925, pp. 112-120.
7 Herrmann Mäckler: *Ein deutsches Flugzeugwerk. Die Heinkel-Werke Oranienburg. Architekt Herbert Rimpl, Fotografien von Heinrich Heidersberger*, Berlin no date (1940).
8 Kristin Feireiss (Ed.): Exh. Cat. *30/30. 30 Projekte in 30 Tagen. HGEsch fotografiert Henn*, Berlin 2010.
9 Hiltrud Kier, Ute Chibidziura: *Romanische Kirchen in Köln und ihr historisches Umfeld, fotografiert von HGEsch*, Cologne 2004; Werner Schäfke, Carsten Laschet, (Eds.): *Brückenstadt Köln, Fotografien von 1900 bis heute, HGEsch, Hugo und Karl Hugo Schmölz, August Sander*, Cologne 2013.
10 Lothar Schirmer (Ed.), *Die Düsseldorfer Photoschule, Photographien 1961-2008*, Munich 2009.
11 HGEsch: Construction Sites, Berlin Tübingen 2017; HGEsch: *architecture : process*, Berlin 2020.
12 Landeshauptstadt München, Referat für Stadtplanung und Bauordnung: Ehemaliges Osram-Gelände: Wettbewerbsergebnisse ausgestellt, Press release of Dec. 28, 2015, (accessed Oct. 12, 2017).
13 Cf. Note 11. Cf. also HVB Immobilien (Ed.), *HVB Tower*, Stuttgart 2016.
14 Michael Schumacher, Till, Schneider, in: Wilfried Dechau (Ed.): Exh. Cat. *Urbane Räume, Europäischer Architekturfotografie-Preis 2003*, Munich 2003, p. 117.

des Baus von Walter Henn: Selbst im ruinierten Zustand zeigen sich die Raumfolgen und Durchgänge des Hauses in perfekten Proportionen und einer klaren Grundstruktur. Die Fotografien gleichen nun einer Reportage – einen Abriss zu dokumentieren ist etwas anderes als die Darstellung von Neubauten oder die Begleitung eines Umbaus.[13] Beides sind feste Bestandteile des Portfolios von HGEsch. Für den Abriss eines Denkmals griff er auf ein anderes Muster zurück, auf den Katastrophenfilm. Ob es nun gigantische Affen oder Dinosaurier sind, die im Hollywoodfilm für größte Verwüstungen am Bestand moderner Städte sorgen, immer spielt ein zangenartiges Greifinstrument die Hauptrolle und zerlegt das, was einst vermeintlich für Generationen errichtet worden ist, in kürzester Frist. So auch in der Bildserie von HGEsch: Stück für Stück wird das Gebäude abgeknapst wie ein hoher Kuchen aus Beton, bis am Ende nur noch ein großer Haufen Schutt am Boden liegt. Was anstelle des wunderbaren Osram-Hauses errichtet wird, ist nur noch im schnellen Vorbeifahren auf dem Münchner Ring zu erkennen; mit guter Planung und ästhetischer Freude hat das nichts mehr zu tun.

Das Gebäude der Osram-Hauptverwaltung in München steht nicht mehr. Aus dem funktionalen Haus der späten klassischen Moderne ist eine Bildgeschichte geworden, die wiederum ein Narrativ entwirft, das dem postmodernen Habitus der Mehrfachcodierung entspricht – es gibt Geschichten von Arbeit und Freizeit, von Flucht und Behausung, von Ankunft und Abschied – und immer hat das Haus eine perfekte Hülle geboten, allein durch seine offene und doch bestimmte Gestaltung. Die Erinnerungen dieses Buches sind die Geschichte(n) des Osram-Hauses – mit einem festen Kern der architektonischen Vergangenheit – das Walter Henn als Bau entworfen und errichtet hat, Heinrich Heidersberger und HGEsch in nun endgültige Bilder gefasst haben. Diesen Vorgang haben die Architekten Michael Schumacher und Till Schneider einmal auf die kürzeste und prägnanteste Formel gebracht: *Gebäude gehen, Fotos bleiben.*[14]

1 Patrice de Moncan: *Paris Avant Après. Avant Haussmann & aujourd'hui*, Paris 2015.
2 Vgl. Jaeger & Goergen, *München im Bild*, München 1910.
3 Bayerisches Landesamt für Denkmalpflege, Regierungsbezirk Oberbayern (Hrsg.): München Stadt, Stand 06.10.2017, No. D-1-62-000-7975, S. 362–363.
4 Christoph Arnowsky: „Warum werden so viele alte Gebäude abgerissen?“, www.br.de 26.12.2015 (Zugriff am 6.10.2017).
5 Zu Heinrich Heidersberger vgl. www.heidersberger.de (Zugriff am 13.1.2021).
6 Franz Roh: *Nach-Expressionismus, Magischer Realismus: Probleme der neuesten europäischen Malerei*, Leipzig 1925, S. 112–120.
7 Herrmann Mäckler: *Ein deutsches Flugzeugwerk. Die Heinkel-Werke Oranienburg. Architekt Herbert Rimpl, Fotografien von Heinrich Heidersberger*, Berlin o. J. (1940).
8 Kristin Feireiss (Hrsg.): *30/30. 30 Projekte in 30 Tagen. HGEsch fotografiert Henn*, Ausstellungskatalog, Berlin 2010.
9 Hiltrud Kier, Ute Chibidziura: *Romanische Kirchen in Köln und ihr historisches Umfeld. Fotografiert von HGEsch*, Köln 2004; Werner Schäfke, Carsten Laschet (Hrsg.): *Brückenstadt Köln. Fotografien von 1900 bis heute. HGEsch, Hugo und Karl Hugo Schmölz, August Sander*, Köln 2013.
10 Lothar Schirmer (Hrsg.): *Die Düsseldorfer Photoschule. Photographien 1961–2008*, München 2009.
11 HGEsch: *Construction Sites*, Berlin – Tübingen 2017; HGEsch: *architecture : process*, Berlin 2020.
12 Landeshauptstadt München, Referat für Stadtplanung und Bauordnung: „Ehemaliges Osram-Gelände: Wettbewerbsergebnisse ausgestellt“, Pressemitteilung vom 28.12.2015, www.muenchen.de/rathaus/Stadtverwaltung/Referat-fuer-Stadtplanung-und-Bauordnung/Projekte/Osram.html (Zugriff am 12.10.2017).
13 Vgl. Anm. 11. Vgl. auch HVB Immobilien AG (Hrsg.): *HVB Tower*, Stuttgart 2016.
14 Michael Schumacher, Till, Schneider, in: Wilfried Dechau (Hrsg.): *Urbane Räume, Europäischer Architekturfotografie-Preis 2003*, Ausstellungskatalog, München 2003, S. 117.

ATM
ATM
ATM

OSRAM

Arrangements mit Witz und Perfektion

Heidersbergers Architekturfotografie

Architekten und Fotografen gehen eine symbiotische Beziehung ein. Seinen Part spielte dabei auch Heinrich Heidersberger, der Ende der 1930er-Jahre zunächst zaghaft mit künstlerischer Dokumentation und Architekturfotografie begann, deren Qualitäten sehr schnell gefragt waren.

Oft wurde er als „Meister des schwarzen Himmels" bezeichnet. Heidersberger darauf zu reduzieren, würde ihm und seinem Werk jedoch nicht gerecht. Als ich seine Aufnahmen mit denen eines angesehenen Kölner Architekturfotografen verglich, antwortete er nur schmunzelnd: „Der (Karl Hugo) Schmölz hatte mir zu wenig Witz." Diese Aussage ist typisch für Heinrich Heidersberger, ähnliche Statements finden sich auch aus seiner Vergangenheit als Maler. Denn Mitte der 1920er-Jahre hatte es Heidersberger und seine Freunde aus dem Linzer Künstlerbund Merz in die Pariser Bohème gezogen. Als Surrealist und dem Werk Giorgio de Chirico zugetan, schrieb er sich 1928 an der Académie Moderne von Fernand Léger ein, an der er sich jedoch die meiste Zeit mit, wie er sagt, „langweiliger Aktmalerei" beschäftigen musste. Sein interesse galt sehr viel mehr dem schelmenhaften Spiel mit Bilddetails. Dieser Sinn für Humor sollte die Arbeit Heidersbergers auch künftig prägen.

Bei genauerer Analyse zeigt sich, dass Heidersbergers präzise Bildarrangements die große Stärke seiner Bildsprache sind. Dies erreichte er nicht selten mithilfe von – meist natürlichem – Licht und Schatten. Oder, wie Rolf Sachsse feststellt, weil der Fotograf seiner Natur nach immer ein Schattenbildner gewesen sei.[1] Dabei war die gesamte Bildkomposition meist so reduziert, wie es die Einrichtung der abgelichteten Gebäude war.

Was dieses Spiel von Licht und Schatten bewirkt, fiel 1962 auch dem jungen Gunter Henn auf, als Heidersberger für seinen Vater das Foyer der Mensa der TU Braunschweig fotografierte: *Eines Tages bestellte Heidersberger zwei Lehrstuhlmitarbeiter meines Vaters, um fünf Uhr morgens, weil die Sonne da genau richtig in Ost-West-Richtung stand. Heidersberger wollte, dass die langen Schatten in dieser Eingangshalle waren. Heidersberger hat Bauten mit vielen solcher kleinen Details sehr lebendig vermittelt.*[2]

Ein anderes Mal lässt Heidersberger in einem Gebäude die Jalousien schließen, damit deren Linien mit den Streben der Oberlichter einer Shedhalle korrespondieren können. Die runde Dachform greift er anschließend mit der aufgeklappten Abdeckung einer Drehbank auf, in deren Rundung er eine Person platziert. So stellt er auch eine Bezugsgröße für den Raum her.

In einem Artikel beschreibt Heidersberger die Aufgabe des Architekturfotografen poetisch: *Durch die irrationalen Diagonalen der Sonnenstrahlen, die organischen Formen der Natur, wenn das Licht durch die zarte gläserne Membrane der Außenhaut in dieses Reich*

Architects and photographers have a symbiotic relationship. In the 1930s, Heinrich Heidersberger played his part in this phenomenon by tentatively starting a practice of artistic documentation and architectural photography that quickly met with increased demand.

He was often called the "master of the black sky," but to reduce him to that would not do him or his work justice. Once, when I compared his photographs to those of a respected Cologne architectural photographer, he replied with a grin: "That (Karl Hugo) Schmölz has too little wit for my taste." This statement is typical of Heinrich Heidersberger, and many others in this vein can be traced to his days as a painter. In the mid-1920s, Heidersberger and his friends from the Linz artists' association Merz were drawn to the Paris bohemian scene. A Surrealist and a devotee of the work of Giorgio de Chirico, he enrolled at Fernand Léger's Académie Moderne in 1928, where he unfortunately had to spend most of his time on what he called "boring nudes." He was much more interested in mischievously playing with pictorial details, and this sense of humor would remain central to his work.

Close analysis reveals that Heidersberger's precise pictorial arrangements are the forte of his imagery. These were often achieved with the aid of usually natural light and shadow. As Rolf Sachsse states, he had always been by nature a creator of silhouettes.[1] His compositions tended to be as minimalistic as the furnishings of the buildings that he photographed.

Young Gunter Henn noticed the effect of this interplay of light and shadow in 1962, when Heidersberger photographed the foyer of the TU Braunschweig cafeteria for his father: *One day, Heidersberger ordered two of my father's faculty members to come at five o'clock in the morning, because the sun was shining from*

Mensa der TU Braunschweig, 1962
Cafeteria, TU Braunschweig, 1962

Franke und Heidecke (Rollei), Braunschweig 1955
Franke and Heidecke (Rollei), Braunschweig 1955

the east in just the right way. Heidersberger wanted long shadows in that entrance hall. Heidersberger conveyed buildings very vividly with a lot of little details like that.[2]

On another occasion, he had the blinds of a building closed so that their lines would correspond with the struts of skylights in a shed hall. He then captured the round shape of the roof together with the open cover of a lathe, in the curve of which he placed a person, which he used to establish a point of reference for the rest of the space.

In an article, Heidersberger poetically described the task of the architectural photographer: *Through the irrational diagonals of the sun's rays, the organic forms of nature, when the light comes through the delicate glass membrane of the building's outer skin into this realm of geometry and contrasts with it, the photographer optically accentuates the formal and functional considerations of the architect, for which the human being is the measure. He will thus be more than a skilled craftsman.*[3]

Heidersberger's photograph of the colonnade at the Auditorium Maximum of the TU Braunschweig proves he was more than a craftsman indeed. Through complex staging, he adjusted the position of the sun so that the shadow of the column would hit the corner of the building; while the next shadow sees two passers-by moving toward the camera. The reflection on the adjacent window front reveals another pair of people following them, extending one shadow after the next.

As if by chance, a tower-like building in brick Gothic, which was built in 1937 as a college for teacher training, is reflected on the left edge of the picture. In contrast to the French filmmaker Jacques Tati, whose last film *Playtime* (1967) expressed his

Jaques Tati, „Playtime", 1967 Filmstill
Jaques Tati, Playtime, 1967 film still

der Geometrie kontrastierend eindringt, akzentuiert der Lichtbildner optisch die formalen und funktionellen Überlegungen des Architekten, für die der Mensch Maßstab ist. Er wird also mehr sein als ein geschickter Handwerker.[3]

Dass er weit mehr als ein Handwerker war, beweist Heidersbergers Aufnahme des Kolonnadengangs am Auditorium Maximum der TU Braunschweig. In einer komplexen Inszenierung passte er den Sonnenstand so ab, dass der Säulenschatten auf die Gebäudeecke trifft, während sich auf dem nächsten Schatten zwei Passanten in Richtung Kamera bewegen. In der angrenzenden Fensterfront verrät das Spiegelbild, dass ihnen ein weiteres Personenpaar folgt und den übernächsten Schatten verlängert.

Auditorium Maximum, TU Braunschweig 1960

Der Zufälle noch nicht genug, spiegelt sich am linken Bildrand ein turmartiges Gebäude in Backsteingotik, welches 1937 als Hochschule für Lehrerbildung entstand. Im Gegensatz zu dem französischen Filmemacher Jacques Tati, der 1967 in seinem letzten Film

Privathaus, Wolfsburg 1967
Private home, Wolfsburg 1967

Hauptbahnhof Braunschweig, 1961
Braunschweig Central Station, 1961

Playtime durch Spiegelungen in den unpersönlichen Glasfassaden eines futuristischen Paris seine Kritik an der Moderne äußerte, ließ der fortschrittsgläubige Heidersberger hier die Vergangenheit der NS-Zeit hinter sich.

Szenenwechsel: ein privater Swimmingpool, zwei Kinder, ein Junge und ein Mädchen sitzen am Beckenrand. Sie hat ihre Füße im Wasser. Durch die spiegelglatte Oberfläche lassen sich am Boden des Beckens die winzigen Mosaikfliesen erkennen. Der Schärfebereich, der sich über den gesamten Bildraum erstreckt,ergab eine Belichtungszeit von mehreren Sekunden. Wie immer machte Heidersberger mit einer Plattenkamera nur eine einzige Belichtung: Doch wie brachte er das Mädchen dazu, stillzusitzen? Ein Rätsel.

Eher unscheinbar und erst auf den zweiten Blick erkennbar ist die Inszenierung bei einem Bild, das den Braunschweiger Hauptbahnhof zeigt. Wie eine geballte Faust tritt hier die Wolke aus dem Gebäude hervor und korrespondiert mit der Schreibtischlampe im Fenster darunter. Ein Zufall?

Einen Höhepunkt in Heidersbergers Schaffen stellt die Aufnahme des Kraftwerks der Volkswagen AG von 1971 dar. In dieser unwirklichen und zugleich beeindruckenden Aufnahme scheinen sich laut Andreas Beitin, Utopie und Dystopie zu begegnen.[4] Hier lässt sich Jahrzehnte später der Einfluss von de Chiricos Bildwelten auf sein Werk ablesen.

Zeitpunkt und Wetterlage der Aufnahme sind geschickt gewählt: ein seltener Wind aus Osten, ein kühler klarer Wintervormittag. Der Kniff der Perspektive besteht in der Verlegung des Fluchtpunktes in die linke Bildhälfte, während das gegenüberliegende Ufer parallel zur Horizontalen verläuft. Die Untersicht der Brücke zieht den Betrachter unausweichlich in die menschenleere Szenerie. Während Farbfilter für einen tiefdunklen Himmel und schneeweißen Dampf sorgen, lässt die entsprechend lange Belichtungszeit das Wasser förmlich gefrieren.

criticism of modernity through reflections in the impersonal glass facades of a futuristic Paris, the progressive Heidersberger here leaves Germany's Nazi past behind.

Scene change: a private swimming pool. Two children, a girl and a boy, sit by the edge of the pool. The girl has her feet in the water. Through the mirror-smooth surface, tiny mosaic tiles can be seen at the bottom of the pool. The area of focus, which extends over the entire image's space, has resulted in an exposure time of several seconds. As always, Heidersberger makes only a single exposure with a plate camera. But how did he get the girl to sit still? That's a mystery.

Less conspicuous and only recognizable on second glance is the staging of a picture showing Braunschweig Central Station. The cloud protruding from the building like a clenched fist corresponds to the desk lamp in the window below: a coincidence?

Heidersberger's 1971 photograph of the Volkswagen AG power plant is a high point of his work. According to Andreas Beitin, utopia and dystopia seem to converge in a photograph that is at once unreal and impressive.[4] Decades after his Parisian intermezzo, Heidersberger's work finally reflects the influence of de Chirico.

The timing and weather conditions of the shot were astutely chosen: a rare wind from the east, a cool clear winter morning. The trick of perspective is to shift the vanishing point to the left half of the picture, while the opposite bank runs parallel to the horizontal. The view of the bridge's underside inevitably draws the observer into the deserted scene. While color filters provide a deep dark sky and snow-white steam, the resulting long exposure time practically freezes the water.

Heidersberger put the finishing touches on this shot in the darkroom. Post-exposure gave the steam its plasticity and dynamics and, in holding back the shadows, gave them further definition. Anyone who has had the opportunity to watch him at work will know that Heidersberger never abandoned the conscientious composition of painting. In his photographs there is often a wink, a dose of humor, that is precisely what makes his pictures unique.

And even if, as in the case of Osram's headquarters, the buildings no longer exist, the pictures remain.

1 Rolf Sachsse: "Schwarzer Himmel – Kleid aus Licht", in: *Heinrich Heidersberger Architekturphotographie 1952–72*, Steidl Verlag, Göttingen, 2000 (p. 5)

2 Interview with Gunter Henn in *Walter Henn – die Ästhetik des Funktionalen*, Thelem Universitätsverlag, Dresden, 2012 (p. 146).

3 Heinrich Heidersberger: "Moderne Architektur im Lichtbild," in: *Angewandte Photographie,* Verlag Großbild Technik GmbH, Munich, 1960 (p. 34 f).

4 Andreas Beitin: "Mittendrin im Leben. Heinrich Heidersbergers Wolfsburger Fotografien," in *Wolfsburg: Bilder einer jungen Stadt. Beiträge zur 3. Neuauflage,* Institut Heidersberger, 2020.

Kraftwerk der Volkswagen AG, Wolfsburg 1971
Power plant of Volkswagen AG, Wolfsburg 1971

In der Dunkelkammer verlieh Heidersberger der Aufnahme den letzten Schliff. Durch Nachbelichten bekam der Dampf seine Plastizität und Dynamik und durch Abhalten die Schatten mehr Durchzeichnung. Wer ihn dabei beobachten durfte, hat klar erkennen können, dass Heidersberger die bewusste Komposition der Malerei nie aufgegeben hat. In seinen Fotografien steckt oftmals ein Augenzwinkern, eine Portion Humor – die Einzigartigkeit seiner Bilder liegt genau darin begründet.

Und auch wenn, wie im Falle der Hauptverwaltung von Osram, die Gebäude nicht mehr existieren: Die Bilder bleiben.

1 Rolf Sachsse: „Schwarzer Himmel – Kleid aus Licht", in: *Heinrich Heidersberger, Architekurphotographie 1952–72*, Göttingen: Steidl Verlag, 2000, S. 5–6.

2 Interview mit Gunter Henn in: *Walter Henn – die Ästhetik des Funktionalen*, Dresden: Thelem Universitätsbuchverlag, 2012, S. 146.

3 Heinrich Heidersberger: „Moderne Architektur im Lichtbild", in: *Angewandte Photographie*, München: Verlag Großbild-Technik, 1960, S. 34–35.

4 Andreas Beitin: „Mittendrin im Leben. Heinrich Heidersbergers Wolfsburger Fotografien", in: *Wolfsburg – Bilder einer jungen Stadt, Beiträge zur 3. Neuauflage*, Institut Heidersberger, 2020

OSRAM

OSRAM

OSRAM

OSRAM

NEIN
SIEMENS
MITSUBISHI/OSRAM

Cappuccino
Espresso
Café
Ristretto
Café au lait

TREFFLER
TREFFLER
TREFFLER
089-812 9012
0841-966320
TREFFLER
Ettengruber

Anders.Bauen.
GUSTAV EPPLE
MACH DEN
KARRIERESPRUNG!
BAUINGENIEUR
Werkstudent / Praktikant
WWW.GUSTAV-EPPLE.DE

Verzeichnis der Abbildungen

Archiv Nele Ströbel
Seite 2

Heinrich Heidersberger 1965
Seiten 4, 5, 6/7, 8, 9, 10, 11, 12, 14/15, 19, 20/21, 26/27, 28, 44, 46, 47, 48, 49, 50/51, 52, 58, 59, 61, 62, 64/65, 66, 70/71, 80, 85, 90, 91, 92/93, 94, 96, 98, 104/105, 106, 107, 108/109, 112, 116, 120, 133, 136, 137, 138/139, 140, 146/147, 148/149, 162/163, 165

HGEsch 2010
Seiten 13, 16/17, 18, 22, 30, 32/33, 34/35, 36, 42/43, 45, 56, 57, 60, 63, 67, 68, 72, 89, 102/103, 113, 122, 123, 124, 134, 135, 145, 166

HGEsch 2016
Seiten 24, 25, 29, 31, 53, 54, 55, 73, 74/75, 76, 77, 78/79, 86/87, 88, 95, 97, 99, 100, 101, 110/111, 114/115, 117, 118, 119, 121

HGEsch 2018
Seiten 150/151, 152, 153, 154, 155, 156/157, 158, 159, 160/161, 164

Wilfried Dechau
Seite 165, Porträt Walter Henn, 1977

Biografien

Walter Henn (1912–2006), Professor an der TH Dresden 1947–1953 und an der TH Braunschweig 1953–1981. Büro in Braunschweig.

Gunter Henn (*1947), Büros in München, Berlin und Peking. Professor an der TU Dresden 2000–2015 und Gastprofessor am MIT Cambridge.

Martin Henn (*1979), Studium an der TU Stuttgart, ETH Zürich und Columbia University New York. Stationen bei Zaha Hadid, London, und Asymptote, New York. Seit 2008 Büro HENN, Leitung Design und Managing Director.

Heinrich Heidersberger, (*1906 in Ingolstadt), verbrachte einen Teil seiner Kindheit in Dänemark, studierte Architektur in Graz, um 1928 als Maler nach Paris zu gehen, wo er schließlich zur Fotografie wechselte. Ein erster Auftrag 1937 für den Architekten Herbert Rimpl etablierte seinen Stil. Nach Stationen in Salzgitter und Braunschweig ließ er sich auf Einladung der Stadt 1961 in Wolfsburg nieder, wo er bis zu seinem Tod 2006 lebte und arbeitete. Sein Werk umfasst ca. 130.000 Bilder aus den Gebieten Architektur, Reportage, Industrie und Werbung sowie Experimente, zu denen auch seine algorithmischen Arbeiten, die Rhythmogramme, zählen.

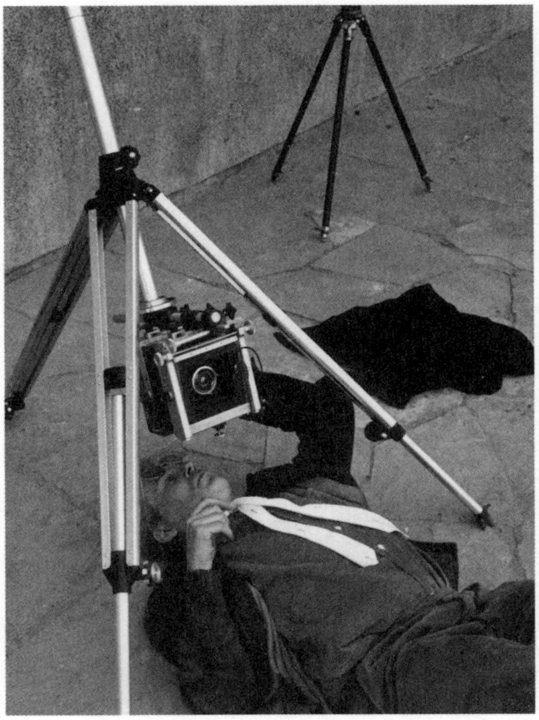

Hans Georg Esch (*1964 in Neuwied), absolvierte eine klassische Ausbildung zum Fotografen und ist seit 1989 als Architekturfotograf und -filmemacher selbständig; er lebt und arbeitet in Hennef / Stadt Blankenberg. Heute zählt er zu den wichtigsten Interpreten neuester Architektur und avantgardistischen Designs weltweit. Daneben hat er eine Reihe künstlerischer Konzepte entwickelt, die in großen Bildserien und Büchern zusammengefasst werden. Außerdem inszeniert er Panoramen von Städten und Landschaften als wandgroße Bilder oder als begehbare Rotunden, die an öffentlichen Orten aufgestellt werden. Sein panoramatisches Werk hat er 2020 im Buch *Advancing Horizons* zusammengefasst, das eine weltweit wandernde Ausstellung begleitet. 2010 dokumentierte er erstmals die Osram-Hauptverwaltung von Walter Henn in München. Seit im Jahr 2017 der Abriss beschlossen wurde, bereitete er eine umfassende Veröffentlichung zu diesem Baudenkmal der modernen Architektur vor, die nun mit dem vorliegenden Buch erschienen ist. Hans-Georg Esch hat sich schon in früheren Projekten mit dem Œuvre älterer Fotografen auseinandergesetzt, etwa mit der Arbeit von August Sander, Karl-Hugo Schmölz oder Wulf-Diether Graf zu Castell-Rüdenhausen. In diesen Fällen wird nicht nur die Bau-Idee eines Architekten durch den Fotografen interpretiert, sondern auch das Bild des Bauwerks oder einer Landschaft, das ein früherer Fotograf geschaffen hat. Hans-Georg Esch repräsentiert damit eine Generation von Architekturfotografen, die ihre eigene Gestaltung selbstbewusst in einer Auseinandersetzung mit früheren Sehweisen entwickeln und dadurch zu eigenständigen Bild- lösungen formen.

Ursula Baus studierte zunächst Kunstgeschichte und Philosophie in Saarbrücken, dann Architektur in Stuttgart und Paris. Sie war Redakteurin der *db*, gründete mit gleichgesinnten Kolleg(inn)en die Partnerschaftsgesellschaft frei04 publizistik. Als Lehrbeauftragte für Architekturtheorie war sie auch immer auf der Suche nach jungen Talenten. In diversen Gremien, Stiftungen, Kuratorien engagiertist sie vor allem an Grenzbereichen interessiert: Architektur, Stadt, Ökonomie, Politik.

Rolf Sachsse (*1949 in Bonn), lernte Architekturfotografie und studierte Kunstgeschichte, Kommunikationsforschung und Literatur. Er war Professor für Designgeschichte und Designtheorie an der Hochschule der Bildenden Künste in Saarbrücken.

Bernd Rodrian, (*1966), gründete 2002 zusammen mit Benjamin Heidersberger, (*1957), das Institut Heidersberger, das das Werk des Fotografen Heinrich Heidersberger erforscht, aufarbeitet und als lebendiges Archiv publiziert.

Michael Steinbusch (*1970), Beratung Architektur und Kommunikation, Radebeul bei Dresden.

Unser Dank
gilt Ursula Baus, Benjamin Heidersberger, Gunter Henn, Jan Rodomski, Bernd Rodrian, Barbara Rossi, Rainer Sladek, Michael Steinbusch.

Impressum

Herausgeber:
Rolf Sachsse, Bonn
HGEsch, Hennef – Stadt Blankenberg
Richard Reisen, Düsseldorf

Fotografie:
Institut Heidersberger, Wolfsburg
www.heidersberger.de
HGEsch,
www.hgesch.de
Wilfried Dechau

Texte:
Gunter Henn, München
Ursula Baus, Stuttgart
Rolf Sachsse
Bernd Rodrian, Hannover

Lektorat:
Carl Polonyi, Triest
Wasmuth & Zohlen Verlag, Berlin

Übersetzungen:
Bianca Murphy, Hamburg
Laura Freeburn, Burlington WI, USA

Buchgestaltung u. Produktion:
Richard Reisen

Reinzeichnung und Satz:
Jan van der Most, Düsseldorf

Druck und Bindung:
Druckerei Kettler, Bönen

Wasmuth & Zohlen Verlag
Quedlinburger Straße 11
10589 Berlin
www.wasmuth-verlag.de

ISBN 978 3 8030 2217 2